Quem ama cuida

Quem Ama Cuida

2-11-07-3.000-10.000

Direção editorial: **Flávio Machado**
Assistente editorial: **Dirce Yukie Yamamoto**
Chefe de arte: **Marcio da Silva Barreto**
Capa e diagramação: **Ricardo Brito**
Revisão: **Berenice Martins Baeder**
Auxiliar de revisão: **Adriana Maria Cláudio**
Fotolito da capa e impressão: **SERMOGRAF – Artes Gráficas e Editora Ltda.**

Dados Internacionais de Catalogação na Publicação (CIP)
(Câmara Brasileira do Livro, SP, Brasil)

Canhoto, Américo
Quem ama cuida / Américo Canhoto. – São Paulo : Petit, 2007.

ISBN 978-85-7253-150-4

1. Dietética 2. Educação 3. Espiritismo 4. Hábitos alimentares 5. Nutrição 6. Saúde – Promoção I. Título.

07-0552 CDD: 133.901

Índices para catálogo sistemático:

1. Dieta e educação alimentar : Guia de saúde : Espiritismo 133.901
2. Educação alimentar e dieta : Guia de saúde : Espiritismo 133.901

Impresso no Brasil, na primavera de 2007.

Prezado leitor(a),

Caso encontre neste livro alguma parte que acredita que vai interessar ou mesmo ajudar outras pessoas e decida distribuí-la por meio da internet ou outro meio, nunca deixe de mencionar a fonte, pois assim estará preservando os direitos do autor e conseqüentemente contribuindo para uma ótima divulgação do livro.

Quem ama cuida

Américo Canhoto

editora

Rua Atuaí, 383/389 – Vila Esperança/Penha
CEP 03646-000 – São Paulo – SP
Fone: (0xx11) 6684-6000

Endereço para correspondência:
Caixa Postal 67545 – Ag. Almeida Lima
03102-970 – São Paulo – SP

www.petit.com.br | petit@petit.com.br

Outros livros de sucesso do mesmo autor:

– *Saúde ou doença: a escolha é sua*
– *Chegando à casa espírita*

Acredite: saúde não se compra na farmácia! Isso mesmo! Descubra neste livro surpreendente as causas espirituais das doenças, a influência do passado nas enfermidades, a origem psicossomática das moléstias e ainda os pequenos descuidos que geram grandes problemas de saúde – explicações e sugestões práticas para prevenir o sofrimento e garantir uma vida verdadeiramente saudável! E mais: conheça os efeitos negativos dos desejos e frustrações, da busca da felicidade em outras pessoas, das fixações mentais, da alimentação compulsiva, da vida sedentária e outros fatores causadores de doenças e perturbações. Experiente médico de família, sempre sugerindo soluções, Américo Canhoto aponta na direção da saúde do corpo e da alma. Leitura fácil, derruba mitos e preconceitos, um guia excelente para quem deseja viver mais e muito melhor.

Finalmente um livro que responde às perguntas mais freqüentes daqueles que são convidados a freqüentar uma casa espírita. Médico de família, educador, escritor e orador espírita requisitado, Américo Canhoto – amparado por benfeitores espirituais – prepara o terreno para aqueles que buscam na casa espírita socorro para suas aflições.

Como é uma casa espírita? Todos os seus colaboradores são médiuns? Os médiuns são pessoas especiais? Até onde podemos contar com a casa espírita na busca de soluções para os nossos problemas?

Nas páginas de luz deste livro, questões importantes são esclarecidas com simplicidade e fidelidade doutrinária: informações preciosas que contribuem decisivamente para o pronto entendimento das normas e diretrizes de uma casa espírita comprometida com o ideal expresso nas Obras Básicas de Allan Kardec.

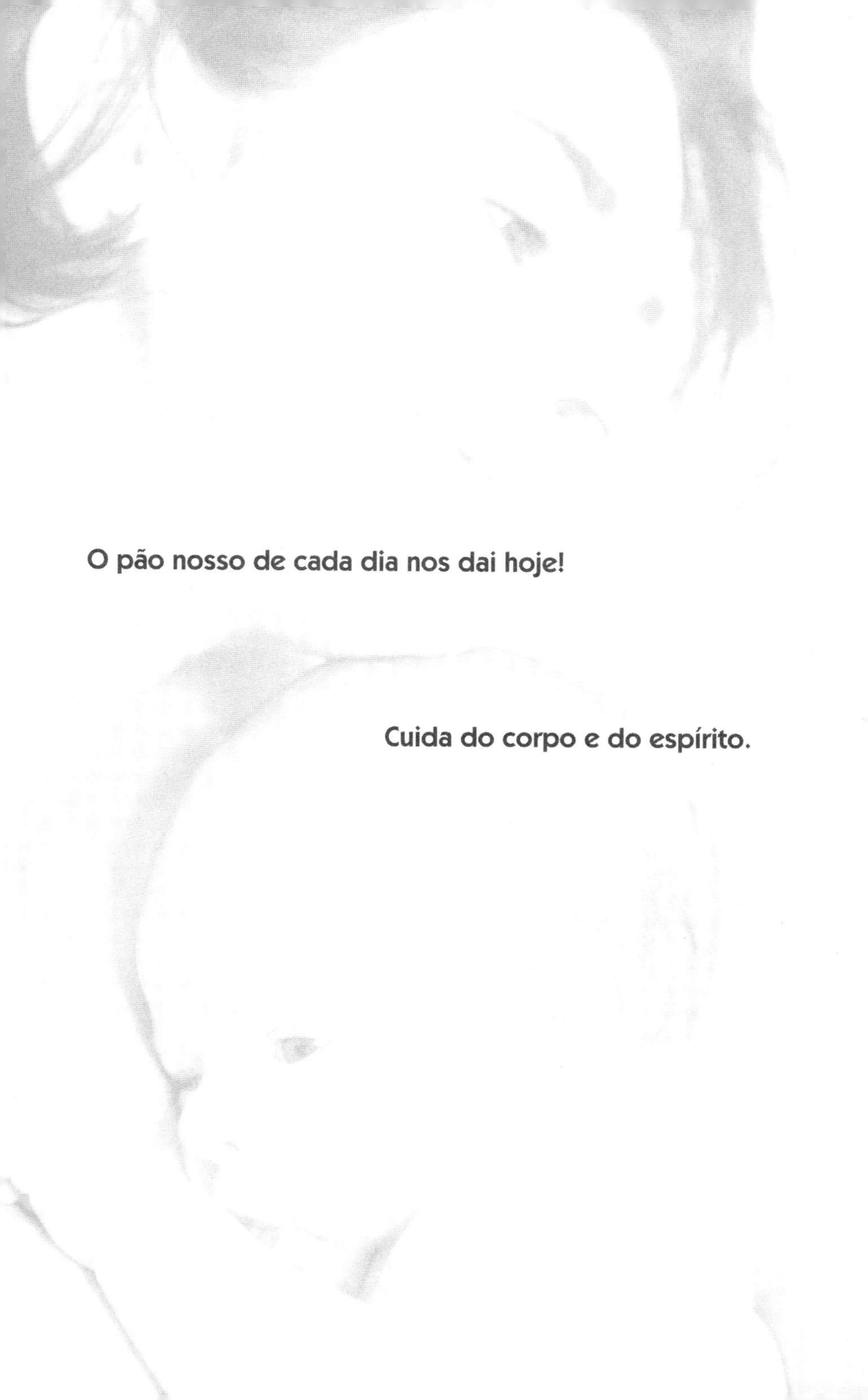

O pão nosso de cada dia nos dai hoje!

Cuida do corpo e do espírito.

Em se tratando de ensinar
e de aprender, um dia,
em algum lugar, avaliaremos
não apenas a qualidade
do que fizemos, mas,
principalmente, tudo o que
deixamos de fazer quando
isso era possível...

Quem tiver ouvidos de ouvir
que ouça...

Quem tiver olhos de ver que veja...

Pois os tempos são chegados...

Sumário

Começo de conversa 10

Conceitos de anatomia, fisiologia e patologia que podem ser integrados ao programa escolar ou explicados no lar, para uma educação mais saudável 17

Como funciona nosso corpo 18

Uma viagem pelo organismo 22

A dieta como ferramenta de descobertas íntimas que podem ajudar a criança a... 67

...entender quem é, de onde veio 68

O ato de nos alimentarmos servindo-nos da refeição como um instrumento de aperfeiçoamento ético-moral 92

Viver é amar 94

A dieta: ajudar a criança a desenvolver um adequado padrão de maturidade social pode levá-la a descobrir que... 118

...vivemos em sociedade ... 120

Cuidar do corpo e do espírito. O pão nosso de cada dia ajudando a criança a... 145

...amar para viver melhor ... 146

Considerações finais ... 152

Leituras recomendadas ... 154

Começo de conversa

O pão nosso de cada dia nos dai hoje...

Os ensinamentos de Jesus, transmitidos quando entre nós, devem ser compreendidos de todas as formas possíveis, a cada vez que forem lidos e estudados por intermédio do *Evangelho*.

Cuidar do corpo e do espírito...

Jesus nos alertou de que nem só de pão vive o homem. Os nutrientes físicos são o alimento do corpo, o amor é o alimento do espírito. Quando entre nós, não quis ser chamado de rei, nem de salvador, apenas de mestre... Na verdadeira acepção da palavra, o mestre é aquele que se vale de todas as circunstâncias que se apresentam para delas extrair ensinamentos. Quando entendermos que a Terra é um grande educandário, que nossa educação é contínua e ininterrupta e que somos, ao mesmo tempo, educandos e educadores, entenderemos o real significado do que seja ser um mestre como o foi Jesus.

As ocorrências mais irrelevantes do nosso dia-a-dia devem ser observadas: são oportunidades de aprendizado.

O Pai Amoroso oferece oportunidades iguais para todos. As diferenças de aproveitamento dependem do aluno que quer aprender e do professor que deseja ensinar. Nesse perfeito contexto, o material pedagógico a ser utilizado para que nos eduquemos está sempre à mão, não necessariamente nos livros didáticos ou nas escolas, mas no cotidiano de cada um, como bem nos mostrou não apenas Jesus, mas outros que o antecederam.

O tema deste livro é a educação e a relação que ela tem com o ato de nos alimentarmos em todos os sentidos, do físico ao espiritual. Não trata de etiqueta social ou de bons modos à mesa. Seu objetivo é muito maior do que esse: pretende influenciar positivamente aqueles que desejam progredir e melhorar a si mesmos.

O Mestre Jesus nos pediu que cuidássemos do corpo e do espírito ao mesmo tempo e em todos os momentos.

Cuidar do corpo e do espírito. Como seguir essa recomendação tão clara transmitida por Jesus?

Como nossa consciência encontra-se polarizada no mundo material, um meio muito simples de nos cuidarmos é usar o ato de alimentar o corpo físico como recurso pedagógico para aprimorar o espírito, pois nos alimentamos todos os dias e várias vezes a cada dia. Se exercitarmos a atenção e o raciocínio ao nos alimentarmos, começaremos a nos nutrir de fato, em benefício do corpo e do espírito.

Infelizmente, não fazemos uso dessa oportunidade de crescer. Mesmo nos tempos atuais, nossas crianças são treinadas para comer e não para se alimentar. Entre aqueles que têm acesso à instrução e conhecem os vários grupos de nutrientes, a maior parte ainda come apenas, em vez de nutrir adequadamente o corpo. Se assim o fazem em relação ao corpo, tanto mais em relação à alma...

Há diferença entre comer e alimentar-se?

Quem come o faz movido pelo instinto de sobrevivência. Já aquele que se alimenta usa a inteligência, raciocina durante o ato de comer: "Isto é bom para o meu corpo e minha saúde, aquilo não". "Esta quantidade de alimento é adequada; se for menor, trará carências, se for maior, vai ocasionar problemas".

Em que estágio nos encontramos?

O ato de nos alimentarmos ainda ocorre de forma primária. Nem sabemos, por exemplo, diferenciar o que é bom, nutritivo, do que é apenas gostoso, saboroso, mas não traz proveito ao corpo.

Essa é uma técnica que ainda não se ensina nas escolas e nos lares: exige de nós discernimento um pouquinho acima da média. Outro impedimento ao uso da dieta como recurso pedagógico é a mania de padronizar tudo, o que, quanto e em qual momento devemos fazer nossas refeições. A imposição de padrões é uma desconsideração para conosco, pois não existe uma única pessoa com necessidades iguais a outra. As necessidades do corpo são individuais: cada caso é um caso. Semelhantes até o somos, iguais nunca.

Para atender aos nossos objetivos, apresentamos algumas recomendações práticas ao ato de alimentarmos e que poderão ser aplicadas pelos interessados na educação de si mesmos, na sua reforma íntima. Aplicam-se em especial à educação interativa, da qual participam os pais, mães, toda a família, os professores e a sociedade de maneira geral. Claro que há muito que aprender além das observações apontadas neste livro, o que o próprio leitor descobrirá a partir de sua vivência. É o que pretendemos: motivá-lo a participar, a inteirar-se dos fatos.

Para quem se dispuser a nos acompanhar nesta jornada pedagógica, essa é uma tarefa que deve ser desenvolvida em etapas, para a qual é preciso que o adulto se reeduque para preparar-se para educar a criança que está sob sua responsabilidade. Esse é o nosso ponto de partida: estudar nossas necessidades e, a partir delas, rever nossos hábitos alimentares.

Recomendações que não se fazem acompanhar de bons exemplos, na maior parte das vezes, mais atrapalham do que ajudam...

O aprendizado não deve ser fruto de imposição, do autoritarismo. A criança deve ser estimulada a aceitar as recomendações dos pais por intermédio do raciocínio, da razão, a entender porque deve fazer alguma coisa ou obedecer a alguma norma, lei ou regulamento. Não importa qual seja nossa idade, enquanto não aceitarmos, de livre e espontânea vontade, um novo padrão de comportamento, vamos aplicá-lo apenas provisoriamente.

Compartilhar o aprendizado de nos alimentarmos corretamente é um delicioso, aromático e saudável ato de amor...

Educar é, sem dúvida, uma forma de amar. Compartilhamos descobertas proveitosas, respeitamos as escolhas dos outros, e passo a passo, aproveitamos cada momento e cuidamos daqueles que caminham ao nosso lado, motivando-os, pelo raciocínio, a viver melhor.

Respeitar as escolhas da criança ao alimentar-se é entender o que sinaliza o corpo dela.

A mente da criança ainda é incapaz de distinguir entre o que é bom e o que é apenas saboroso, o que saberá fazer apenas quando for educada para alimentar-se.

A criança, quando está doente, não quer nem deve ser forçada a alimentar-se. Entretanto, por que é tão difícil entender e aceitar essa realidade?

Essas e outras questões, que mais tarde poderão causar grandes problemas, serão tratadas neste livro.

Boa tarefa.

Américo Canhoto

CONCEITOS DE ANATOMIA, FISIOLOGIA E PATOLOGIA QUE PODEM SER INTEGRADOS AO PROGRAMA ESCOLAR OU EXPLICADOS NO LAR, PARA UMA EDUCAÇÃO MAIS SAUDÁVEL

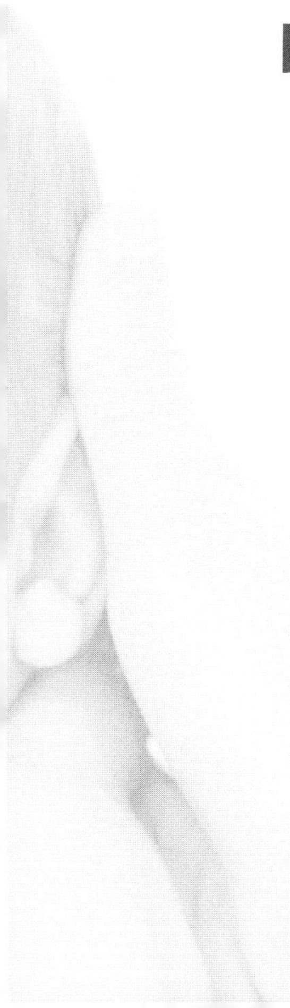

Como funciona nosso corpo

Corpo: um aparelho que a alma
usa para progredir...

É preciso mostrar à criança que, para usar um determinado aparelho ou mesmo um brinquedo com eficiência e para compreender como ele funciona, é necessário ler o manual do usuário. Caso contrário, o risco de danificá-lo é grande. É conveniente considerar que o que é mal utilizado e danificado freqüentemente não poderá ser consertado de imediato. Esse reparo poderá demandar um tempo maior do que imaginamos, contrariando nossa expectativa...

Nem todas as doenças que nós mesmos criamos
podem ser curadas num passe de mágica como
numa brincadeira de "faz-de-conta"...

A medicina não está em condições de curar todas as doenças. Essa constatação não é tratada de forma adequada por pais e professores, o que gera uma multidão de pessoas com pouca ou nenhuma responsabilidade sobre si mesmas, sobre as conseqüências de seus atos. Por exemplo: muitos adultos doentes não sabem nem de qual lado do corpo encontra-se o fígado, muito menos qual é sua função e como funciona. Mesmo assim, não se cansam de culpá-lo quando cometem algum abuso alimentar e sentem-se mal. Tal qual crianças, sem um pingo de responsabilidade, costumam afirmar: "Estou sofrendo do fígado!". Entretanto se estão sofrendo é porque não raciocinaram, o que deveriam fazer para desenvolver o bom senso.

"Quando a mente não pensa, o corpo padece."
Nosso corpo não é uma lata de lixo!

A criança deve ser conscientizada da importância de analisar muito bem o que põe na boca. Precisa saber que o corpo não é um "lixão" da indústria alimentícia e não deve se submeter aos interesses alheios. Precisa estar ciente de que tudo o que ingerir terá de ser processado, absorvido ou rejeitado pelo organismo. Como explicar? Com palavras simples e objetivas, dando exemplos e motivando-a a apontar outros que observar por conta própria.

MATERIAL DE REFLEXÃO PARA OS PAIS

Para ajudar a criança a raciocinar sobre a alimentação, podemos usar a seguinte comparação: se todos detestamos trabalho desnecessário e improdutivo, é lógico que o nosso corpo também não suporta esforço sem uma finalidade prática, especialmente o aparelho digestivo.

Quando afirmamos que nosso intestino é preguiçoso, cometemos uma injustiça: os preguiçosos somos nós mesmos, porque não raciocinamos, observando os prejuízos que causamos ao organismo dificultando a digestão.

Preocupamo-nos quando algumas crianças têm o impulso de levar à boca o que está na sua frente, mas, durante o processo de formação dos seus hábitos alimentares, será que, por descuido, não as acostumamos a "deglutir" coisas piores para a sua saúde?

O subconsciente da criança copia os modelos que tem diante de si...

Na educação de nossas crianças, todo cuidado é pouco, até com o nosso linguajar descuidado: "Detesto isso! Não como aquilo de jeito nenhum! Que nojo! Adoro tal coisa! Amo de paixão essa comida!".

Até palavras colocamos na boca dos outros...

Os adultos devem estar atentos para as influências que exercem na formação dos hábitos das crianças, seja por meio de palavras seja por atitudes. Essa influência poderá determinar a qualidade de sua vida no futuro, em muitos campos: afetivo, emocional, profissional, por exemplo.

É necessário tomar muito cuidado com as palavras e expressões que usamos, pois o poder da verbalização é imenso.

Para reforçar o que foi exposto, com relação ao trabalho inútil e desnecessário de vários órgãos do corpo em digerir alimentos que deveríamos evitar em benefício de nossa saúde, podemos pedir à criança para levar vários objetos para um canto da sala. Em seguida, pedimos para trazê-los todos de volta, repetidas vezes, até que ela questione ou se revolte diante de nossas instruções. Diante da sua contestação, reforçaremos a analogia: o fígado, o estômago e todos os outros órgãos do corpo também não gostam de trabalhar inutilmente...

Uma viagem pelo organismo

Como amar e respeitar um desconhecido, se já é difícil amar e respeitar quem já conhecemos?

O *Livro dos Espíritos*, de Allan Kardec, esclarece que reencarnamos, ou seja, retomamos a existência num corpo material tantas vezes quantas necessitarmos: para evoluir, vivenciar novos aprendizados e resgatar dívidas de outras existências. O Espírito André Luiz, que se manifestou por intermédio da mediunidade de Francisco Cândido Xavier, explica-nos que a Terra é a "esfera do recomeço", expressão muito adequada e precisa, para entendermos a reencarnação.

Contudo, como entender o que fazemos aqui sem compreender a importância e o funcionamento do corpo, que é a ferramenta que nos levará adiante nesse aprendizado? Paulo de Tarso, aquele que se converteu em discípulo de Jesus a caminho de Damasco, apresentou inúmeras pistas em suas cartas, que merecem ser lidas e estudadas.

Na qualidade de orientadores de nossos pequenos – longe porém de nos qualificarmos como mestre –, façamos uma excursão pelo corpo humano, tendo como ponto de partida o sistema digestivo. Nessa viagem, compreenderemos que somos espíritos e que, conhecedores da natureza e necessidade do corpo, devemos zelar por sua saúde. Esse aprendizado deverá ser retransmitido às crianças por meio de palavras simples, ao alcance do seu entendimento.

Acompanhemos o "bolo alimentar" nessa fantástica viagem que o alimento faz pelo corpo para aprender como devemos nos alimentar corretamente, atendendo às necessidades do organismo e não impondo a ele o que não é saudável simplesmente para satisfazer os exageros de nossa vontade.

A BOCA

A criança, até determinada idade, leva tudo à boca.
Na fase adulta, nossos relacionamentos afetivos
costumam materializar-se com um beijo na boca...

A boca é a porta de entrada pela qual os alimentos penetram em nosso organismo. Usando-a, manifestamos também carinho e afetividade, uma troca saudável de energia. Para o nosso bem, o bom senso nos recomenda distinguir o que devemos ingerir e a quem devemos beijar.

Ensinamento

Escolher é tarefa do chefe, os subordinados apenas cumprem ordens. Quem seleciona o que vai ser ingerido somos nós, por meio do ato de pensar. Quem pensa pouco não imagina o que joga para dentro do seu corpo, o que torna uma verdade o ditado popular que diz: "O homem, tal qual o peixe, também morre pela boca". Quando afirmamos que, para emagrecer, é preciso fechar a boca, estamos considerando a necessidade de controlar a ingestão de alimentos. Para fecharmos a boca ao excesso, porém, não basta apenas nos conscientizarmos dessa necessidade. É preciso que nos determinemos a isso. A atividade mental é que nos fortalece, tornando-nos capazes de tomar, por vezes, decisões contundentes e realizadoras.

Quando adoecemos por causa da comida, a culpa não é da boca, mas da omissão da mente...

Pode-se, sem receio de parecer radical, afirmar que não temos problemas digestivos, mas, na verdade, dificuldade para raciocinar. Esse problema, característico da nossa imaturidade, nos causa sofrimentos que precisamos aprender a evitar.

Errar, assumir, aprender...

Todos os pais são candidatos a mestres, mas apenas o seremos de fato no momento em que aprendermos a não complicar nossa vida e a dos outros, em especial daqueles que estão sob nossa responsabilidade.

Com a suposta intenção de induzir as crianças a alimentarem-se, os adultos recorrem a brincadeiras do tipo "aviãozinho", "boca de jacaré", obrigando-as a ingerir alimentos de proveito duvidoso ou mesmo prejudiciais à sua saúde. Entre esses alimentos, freqüentemente se encontram produtos prejudiciais: acidulante F5, estabilizante, espessante etc.

Não devemos nos deixar influenciar passivamente por hábitos arraigados em nossa cultura ou difundidos pela propaganda. É preciso recusar o que não é saudável, analisar o que nos é oferecido, recusar aquilo que a nossa razão indica ser nocivo, prejudicial ao organismo.

A LÍNGUA

Na boca encontra-se a língua, órgão muscular que, no ato de comer, tem muitas finalidades, como a percepção da temperatura e a identificação do sabor dos alimentos. Além disso, é uma espécie de porteiro subordinado à nossa vontade, que deveria selecionar o que pode adentrar o nosso organismo.

Para que serve a língua?

A língua é um aparelho de incrível utilidade para a evolução humana, seja na condição de órgão muscular ou como referência figurada.

Será que os defeitos de caráter podem "impressionar" nossa língua?

O que nos mostra a língua refletida no espelho? O que uma língua com saburra branca, amarelada ou esverdeada quer nos dizer? Sua aparência pode nos mostrar problemas nos rins ou no fígado? Quando está rachada, fissurada, esfoliada, significa o quê? Seu aspecto pode refletir também o nosso comportamento, a ganância, a impaciência, a cólera, a inveja, que muitas vezes predominam em nossos pensamentos, palavras e ações? O que sinaliza um câncer de língua? Pode significar que nos entregamos a antagonismos?

Não é nossa tarefa, neste pequeno estudo, distinguir nem definir os problemas que se relacionam com cada um dos aspectos dos órgãos. Vale a pena conhecer o que nos mostra a medicina chinesa, que se dedica a essa análise em profundidade, sobre as informações que o aspecto da língua fornece com relação a nossa saúde[1].

Exercício para engolir verdades humanas

Se fosse possível observar a língua das pessoas maledicentes – aquelas que, segundo o dito popular, "se morderem a própria língua morrerão envenenadas" – descobriríamos sua não muito bela aparência.

1. Veja o livro *Se o meu médico diz que estou bem... por que me sinto tão mal?*, de Margaret Smith Peet e Shoshana Zimmerman (São Paulo: Butterfly Editora), 2007. (Nota do Editor)

Se isso é difícil, não custa nada observarmos o estado da nossa. Para tanto, basta apenas uma olhadela no espelho e também coragem para encarar a realidade. Se a higiene da língua é necessária – escová-la e limpá-la com freqüência – isso ainda não é o suficiente. É preciso evitar também o mal que sai pela boca: a maledicência, a reclamação, a injúria...

GLÂNDULAS SALIVARES

Não gaste saliva à toa...

Na boca encontram-se também as glândulas salivares, cuja função é produzir a saliva, rica em enzimas, que iniciam o processo de digestão na própria boca, complementando a mastigação.

Cuidado com alimentos que dão "água na boca"...

Muitos alimentos que nos dão água na boca podem nos fazer muito mal e até nos adoecer. Quem está por trás do que vai acionar a produção de saliva é a mente, às vezes estimulada e auxiliada pelos órgãos dos sentidos.

No sentido figurado, seguindo o mesmo raciocínio, nossos mais primários instintos podem ser ativados e, sem pensar, por vezes arranjamos "encrenca obsessiva" para muitos séculos...

Cuidado com os babões.
Mais perigosos são os que vivem

com a boca seca. Alerta para os
que vivem com aftas.

A salivação descontrolada é um indicador de vários distúrbios: orgânicos, das emoções etc.

Já diante da boca sempre seca, devemos nos perguntar: "Estou com medo de quê?"

Sua saliva é grossa, pegajosa? Verifique se o seu discurso, o que você diz, combina com suas intenções...

Saliva ácida, vive com aftas? Cuidado com o que verbaliza, ou melhor, como deixa de manifestar o que está pensando...

Usando a saliva como material de autoconhecimento, é possível desvendar muitos segredos. Saliva adocicada, saliva fétida, saliva com sangue, cada uma dessas particularidades quer nos dizer algo. Vale a pena sempre tentar relacionar essas ocorrências com o que estamos pensando, sentindo, para reavaliar nossas atitudes em andamento.

DENTES

Entre dentes[2] aprende-se a mastigar
a coisa certa, no tempo exato...

Na boca também estão os dentes, com a função de triturar *calmamente* os alimentos para que a digestão se inicie *no tempo certo,*

2. Sentir o sabor, avaliar se prosseguimos ou se interrompemos o processo: podemos engolir, cuspir ou até vomitar antes de uma violenta diarréia física ou emocional. (Nota do Autor)

sob a ação das enzimas da saliva, as quais, além de tudo, funcionam como agentes de limpeza quando tudo é feito de modo e no tempo correto, nem muito antes nem muito depois. Ou *apressadamente* quando nos permitimos ser envolvidos pelos acontecimentos. Temos, porém, uma preguiça de mastigar que vem de longe. Coisa de outras vidas que, além disso, estimulamos por causa da pressa em realizar outras tarefas que julgamos mais importantes do que nos "alimentar em corpo e espírito".

Pressa do quê? Para quê?

Por força do hábito, desconhecemos o valor do tempo, importante lição de vida que pode ser aprendida e treinada no singelo ato de mastigar, que nossos amigos ruminantes fazem tão bem.

> Apressados, não permitimos que nos primeiros anos de vida as crianças mastiguem o alimento, para depois, numa etapa seguinte, aprenderem a "mastigar" corretamente dificuldades psicológicas, temperadas com emoções, sensações...

Na hora da refeição, o que mais se ouve nas casas é: "Coma logo, filho!"; "Engula mais depressa isso!"; "Pelo amor de Deus! Tenho de estar em tal lugar daqui a tantos minutos!"...

Nos interessa, a cada dia mais, que a criança engula muito alimento e o mais rápido possível, não importa o quê. Essa correria faz com que raras pessoas mastiguem mais do que quatro ou cinco vezes o alimento, quando o correto seria de 25 a 30. Alguns conceitos errôneos, derivados da cultura do "saco vazio não pára em pé", impedem a criança de aprender que o estômago não tem dentes, que a mastigação incorreta é um dos motivos da alta incidência de gastrite.

Na sociedade de consumo, "tempo é dinheiro"!

A pressa de mastigar as coisas levou ao excessivo consumo de alimentos macios, que ainda são mal mastigados... Esse é também um dos motivos que leva as crianças de hoje a enfrentar dificuldades para se expressar. Muitas vezes, são obrigadas a passar horas em fonoaudiólogos, aprendendo a usar a língua para pronunciar corretamente as palavras e comunicar-se. Outra conseqüência da péssima mastigação: uso de aparelhos para corrigir a arcada dentária.

Considerações

Nossos altos e baixos, desequilíbrios, depressões e crises de pânico seriam facilmente evitados se tivéssemos aprendido a "mastigar" cada situação que enfrentamos com calma para decidir o que devemos "engolir" e o que "devolver". A questão merece nossa melhor reflexão.

A forma como usamos os dentes reflete nossa condição evolutiva.

Nós, os adultos, devemos aprender o mais depressa possível que tudo que não é usado, ou que é mal utilizado no corpo, se deteriora. Devemos transmitir esse conhecimento às crianças. Quando deixamos de usar os dentes de forma correta, aparecem, por exemplo, as cáries, a descalcificação etc.

A forma como usamos os dentes expressa também nossa capacidade em lidar com os alimentos espirituais. Se não conseguimos aceitar determinadas situações, por exemplo, e não temos coragem de expor nossas contrariedades, não mastigamos nem engolimos. Já o "cerrar os dentes" mostra agressividade contida; o "mostrar os dentes" deixa ver um caráter hostil, e o "falar entre dentes", o hipócrita, que na mastigação cruzada aprende a pensar uma coisa e a dizer outra.

Se aprendermos a usar os dentes, não apenas seremos capazes de colocar na boca o que realmente é mastigável e que nos faz bem, mas também "mastigaremos" melhor as situações de vida e delas extrairemos proveitoso aprendizado, para nós e para nossas crianças.

MUCOSA DA BOCA

Mordiscar os lábios, morder a bochecha...
Melhor assumir logo a culpa do que se angustiar
com medo de ser descoberto...

O revestimento da boca tem várias funções, que vão desde a produção das secreções que servem de veículo para as enzimas da saliva, até a de produzir células que atuam no sistema de defesa orgânica. Por exemplo: quando começam a surgir aftas ou erosões nas mucosas é hora de reavaliar nossa dieta. Mais ainda: é hora de tentar entender como lidamos com as emoções.

Como já mencionamos, é necessário avaliarmos a qualidade vibratória das palavras que saem da nossa boca. A acidez nas secreções físicas, por exemplo, indica que ultrapassamos o limite do bom senso nas críticas e que a maledicência está em vias de tornar-se um sério problema. Agredir as próprias mucosas, seja onde e de que forma for, significa que estamos acumulando a culpa e o medo que a acompanha.

AMÍGDALAS (TONSILAS PALATINAS)

Quando a mente pensa pouco e escolhe mal,
o corpo tenta defender-se como pode...

As amígdalas são os dois guardiões do sistema imunitário. Quando sobrecarregamos o organismo com toxinas e assim ameaçamos o sistema de defesa, o organismo sabe que é hora de "fechar a porteira".

A natureza é bem prática: quando a alimentação se torna demasiada e inadequada para a criança, o excesso de toxinas e o de radicais livres ingeridos na dieta cotidiana estimulam o aumento do tecido linfóide das tonsilas palatinas (as amígdalas), então elas aumentam de tamanho quase encostando uma na outra. Assim, tentam impedir que o alimento indesejado siga o seu curso. Agem como uma porta que se fechasse.

Adultos que apresentam amigdalites (tonsilites) recorrentes devem avaliar, além da dieta, sua forma de pensar, sentir e agir. Excesso de egoísmo, raiva, intolerância materializam-se também na garganta. Engolir "sapos" por falta de coragem para dizer o que sentimos também resulta em obstrução física nessa região do organismo.

O fogo queima o que é inútil e a água ajuda a eliminar os resíduos: é lei da vida.

A natureza é simples e prática, põe fogo no lixo orgânico, usando para tanto a febre. Aumenta a sede para limpar os resíduos dessa queima e, ao mesmo tempo, reduz o apetite para que esse jejum compulsório permita que o sistema se recomponha sem maiores complicações.

Por que tanta dificuldade em entender e aceitar um recurso tão simples e sábio como a perda de apetite durante a doença febril? O que nos leva a isso? Para nós, deixar de comer é quase como morrer, é o fim do mundo... O aumento da sede para que a água cumpra um dos seus papéis, o de limpar o organismo, não é compreendido, nem aceito: muitas pessoas recusam-se a bebê-la, substituindo-a por outros líquidos: "Água não tem gosto, não enche barriga, nem tem sustância".

Aprender "a arte de calar" também é vital para a saúde.

Na doença febril também queremos ficar quietos e falar pouco. É como se a natureza nos solicitasse a quietude, criando um instante de reflexão para reavaliarmos tanto o que devemos ouvir quanto o que desejamos exprimir.

Considerações

A dor e o sofrimento são grandes lições. Então, por que, por exemplo, não mostrarmos à criança, no momento da febre, do mal-estar, que suas dores de garganta e as inflamações das amígdalas têm relação com seus hábitos alimentares, seus sentimentos e suas atitudes?

Quais razões nos levam a aceitar a doença e o sofrer como uma questão de sorte, acaso ou destino? Uma delas, certamente, foi a falta de alguém que nos ajudasse a entender, desde criança, que existe razão para toda reação: nada acontece por acaso.

Falar fora de hora é, na maioria das vezes, inútil.

Despertos para a verdade, devemos transmitir essa lição às nossas crianças apenas no momento em que o sofrimento está em andamento: na hora da dor, do mal-estar, da febre. Durante o mal-estar, a criança estará mais receptiva para nos ouvir e guardar mentalmente o ensinamento, o qual vamos transmitir com palavras simples e objetivas, sem a intenção de acusá-la ou de proferir um sermão...

Para resolver, basta extrair as amígdalas?

É bom que saibamos que não adianta pensar em extraí-las (eliminar os guardiões) para resolver o problema. Essa é uma solução inútil. A atitude mais inteligente é eliminar a causa das inflamações de repetição: reciclar a dieta e a postura mental-emocional.

FARINGE

A faringe é a segunda linha de defesa que passa a atuar quando a primeira é neutralizada.

Da boca, o alimento desce pela faringe em direção ao esôfago e, depois, até o estômago. Vários são os fatores que contribuem para as inflamações na faringe e dentre eles está o que nos habituamos a ingerir.

Quando as faringites surgem, repetidamente, é sinal de que falhamos nos cuidados, nas escolhas.

Se a popular dor de garganta começa a se repetir, é uma nova chance de anotarmos o que pensamos, sentimos e a forma como estamos agindo. Como já foi assinalado, houve falha nas primeiras fases. Nesse caso, nossa dieta deve ser revista, pois, quando inadequada, além de baixar a imunidade, pode desencadear processos alérgicos. Também é preciso reavaliar como lidamos com as emoções: aprender a verbalizá-las na hora certa evita que muitos "sapos" fiquem entalados na garganta.

Ai, que pressa!
Ai, que medo!

A ansiedade de todos aumenta a cada dia e aprender a dominá-la – pensar, refletir, meditar – nos ajuda a reaprender a respirar corretamente, pois a má respiração também é um fator importante na ocorrência de faringites de repetição. Será que estamos desaprendendo a respirar? Em muitos casos, o ar chega até a faringe ainda não filtrado das impurezas e sem o aquecimento que deveria ocorrer durante o seu trajeto pela mucosa nasal.

ESÔFAGO

Um canal por onde o bolo alimentar flui.
Um momento de relaxar. Será?

Escolher não é fácil para quem não quer fazê-lo. Isso cansa!

É hora do descanso da mente na seqüência da "caminhada digestiva". Nesta fase, a escolha já foi feita e cada um dos tarefeiros do organismo já cumpriu seu papel porque, teoricamente, chegando ao esôfago, o alimento já deverá estar pré-digerido – caso a mastigação tenha sido correta e as enzimas da saliva tenham sido produzidas na hora e na quantidade adequada –, para descer aos poucos até o estômago, lentamente, calmamente... Esse deveria ser um dos momentos do nosso relaxamento na seqüência da escolha, da digestão e da absorção e nutrição, pois a progressão do alimento no sistema digestivo é feita por um mecanismo de movimentos involuntários, um verdadeiro "piloto automático", chamado peristaltismo. Deveria ser assim, mas muitas pessoas enfrentam problemas de saúde porque seu organismo não está funcionando dessa forma.

Em momentos de perigo,
a digestão é interrompida para que
preservemos a vida, fugindo ou atacando
o inimigo que nos espreita...

Como o aviso de perigo no processo de estresse crônico é intermitente, todo o processo digestivo foi aos poucos gravemente comprometido. Precisamos entender que a novela, o filme violento, o jogo de futebol, o noticiário alarmante, interferem negativamente no processo de digestão? Muitas vezes, a gastrite se deve à dieta errada ou àquilo que engolimos ou às emoções a que estamos nos expondo antes, durante ou pouco depois das refeições...

Considerações

Analisemos a diferença que existe entre a alimentação feita apressadamente, correndo contra o tempo e outra feita adequadamente, com a mente relaxada.

Mais despertos, aprendamos a diferenciar o bem-estar que sentimos após uma refeição em que nos colocamos espiritualmente agradecidos ao receber o alimento e aquela durante a qual engolimos os alimentos pensando nos problemas do dia-a-dia.

ANEL GASTROESOFÁGICO

O guardião do estômago estará paralisado? As armas defensivas da contenção psicológica estão obsoletas?

O anel de musculatura que impede o refluxo do suco gástrico para o esôfago, que sempre cumpriu sua função muito bem, hoje, em muitas pessoas, não o faz com a antiga precisão. Essa irregularidade ocasiona o refluxo gastroesofágico, com ou sem hérnia de hiato. Uma das causas desse distúrbio é a associação da ansiedade doentia com a pressa e a gula, a ganância e a cobiça, que desmontaram nosso precário sistema defensivo de escolher o que devemos e o que podemos ingerir em todos os sentidos.

Outra causa desse transtorno é o medo, que antes, ao levar as pessoas a parar para pensar, atuava em favor da evolução, e agora se bandeou para o lado da alteração do instinto de sobrevivência. Atualmente vivemos sob o domínio de um temor de risco constante. Nessa linha de raciocínio, quem escolhe mal o que come e o faz muito rápido, engasga, fica "entalado", "lotado" e tenta, depois, descartar o inútil, ansiando pôr para fora o que está inadequado ou demasiado, seja de forma natural ou provocada.

O que serão a náusea e o vômito senão tentativas heróicas de voltar atrás em nossas escolhas?

A náusea e o vômito serão uma revolta do corpo contra as escolhas inadequadas da mente?

Valerá a pena sentar-se à mesa do ego para negociar uma forma mais saudável de viver, ou será melhor tentar sufocar os conflitos recorrendo a medicações paliativas?

ESTÔMAGO

Do esôfago, o alimento deverá seguir ao estômago, para lá sofrer a ação do ácido suco gástrico. Ou do crivo da inteligência.

O teor de acidez que desmembra os nutrientes para que sejam digeridos e absorvidos depende de vários fatores, dentre eles a forma como lidamos com as emoções e como interpretamos os acontecimentos.

A falta ou o excesso de qualquer componente dietético pode ser controlada pela mente, que escolhe a dieta física e mental-emocional.

Muita acidez produz a sensação denominada azia, com ou sem inflamação da mucosa do estômago: a gastrite. Se há erosão ou ferida na parede do estômago, temos a úlcera gástrica. Ao contrário, é o quadro de acidez insuficiente, que torna a digestão muito lenta e difícil.

Considerações

Cientes dos riscos que trazem os abusos e descuidos na forma de comer, devemos respeitar a criança e a sua natureza. Nada de inventar artimanhas para que ela coma sem necessidade.

Devidamente esclarecida sobre a Lei de Causa e Efeito, a criança vai entender que, ao sentir dor de estômago, azia, náusea, ânsia de vômito ou mesmo princípio de enxaqueca (problema cada vez mais comum atualmente), escolheu mal os alimentos, não os mastigou de forma correta ou exagerou na quantidade. Nessa ocasiões nunca é demais lembrá-la de que, ao contrariar a necessidade do organismo, ela terá dor e sofrimento.

DUODENO

Úlcera nervosa,
erosão na mucosa duodenal
sem explicação física.

O bolo alimentar sofre a ação das enzimas produzidas no fígado ao chegar ao duodeno. É nele que jogamos também todas as nossas "biliosidades" que manifestamos: a crítica, a maledicência, a inveja... Com freqüência ouvimos dizer que "fulano é um sujeito bilioso": entendemos que ele é mal-humorado, agressivo... A bile é um líquido esverdeado e de gosto amargo, produzida no fígado e bombeada no duodeno pela vesícula biliar.

Considerações

Crianças que vomitam com facilidade, vômitos biliosos amargos e esverdeados sem resíduos alimentares, carecem de um estudo mais apurado de sua personalidade: geralmente são controladoras, invejosas, temem ficar para trás, são perfeccionistas. As "personalidades duodenais" são tão características que merecem um estudo acurado dos pais, no que deverão ser auxiliados por terapeutas de sua confiança, para ajudá-las a superar suas dificuldades íntimas com maior facilidade.

VESÍCULA BILIAR

A vesícula "controla"
quanto de bile será necessário
para cada digestão.

A vesícula biliar funciona como uma "bomba" que joga no duodeno a bile e os sais biliares conforme a necessidade de digestão do alimento que consumimos.

A bile, como já dissemos, é aquele líquido esverdeado e amargo que conhecemos quando apresentamos vômitos seguidos durante algum distúrbio que identificamos como um "ataque do fígado".

Em pessoas já predispostas a essa ocorrência, os erros alimentares, o excesso de gordura e de cálcio nos alimentos consumidos em exagero – lanches, frituras, sorvetes, laticínios

– produzem “pedras” na vesícula que, em muitos casos, pedem uma retirada cirúrgica.

Considerações

A incidência de cálculo na vesícula é mais alta entre as mulheres obesas e de vida sedentária. Até alguns anos atrás era raro encontrar esse problema entre homens, jovens e crianças, mas na atualidade em virtude dos hábitos alimentares e do sedentarismo a incidência é cada vez maior.

FÍGADO

A usina que processa boa parte das substâncias contidas nos alimentos é o fígado.

O bolo alimentar não tem permissão para entrar no fígado. Muito do que comemos agride-o, matando as células chamadas hepatócitos, seus operários. As drogas, muitos dos remédios e o álcool também são destruidores dessas células. A raiva, a cólera contida, a agressividade não ficam atrás: é difícil saber quem o agride mais, os alimentos inconvenientes ou as emoções... Mesmo que simplória, essa explicação é suficiente para entendermos que precisamos nos vigiar melhor.

Quando um órgão – seja o fígado ou outro qualquer – apresenta alguma deficiência de funcionamento, agimos erradamente, pois ao invés de prestar atenção à alimentação e reconsiderar nossos hábitos, tomamos remédios para poder continuar agindo da mesma forma: prejudicando órgãos e matando mais células...

Crianças também podem "sofrer do fígado". Isso não acontece apenas com os adultos, com aqueles que bebem ou comem demais. Muitas crianças sofrem de enxaquecas por distúrbios do funcionamento do fígado.

Considerações

Toda vez que nossa boca amargar ou o hálito tornar-se mais forte e a enxaqueca surgir, é hora de aceitar um convite para meditar. Em que estamos pensando? Como administramos nossas emoções, nossas atitudes em relação ao corpo e, principalmente, em relação aos outros?

PÂNCREAS

> Quem quiser ser o maior entre todos torne-se o menor. Aquele que não deseja ficar em evidência, que faça seu trabalho sem alarde nem exija lauréis...

Se o corpo humano tem um órgão modesto, que trabalha sem alarde, esse órgão é o pâncreas... Sua importância é fundamental e algumas pessoas nem sabem da sua existência ou qual sua função. Só descobrirão que ele existe quando sofrerem um diabetes ou outras doenças.

Na atualidade, é tão exigido em virtude de nossa alimentação descontrolada que, cada vez mais cedo, entra em "curto-circuito", avisando que vai sofrer um colapso, e que o diabetes está a caminho. O primeiro aviso na linguagem popular é a chamada "falta de açúcar no sangue", a hipoglicemia. Crianças que ameaçam desmaiar, com suores frios, mal-estar, dor de cabeça, podem estar vivendo uma crise de hipoglicemia. Muitas vezes o aviso é tão discreto que os sintomas são desvalorizados ou atribuídos a outras causas, como o cansaço, uma noite mal dormida ou mesmo à falta de alimentação. Para retardar o diagnóstico, surgem os curiosos de sempre que logo receitam um remédio, mortal a longo prazo: "Come alguma coisa que passa" ou "Um docinho vai ajudar num instante". O tratamento definitivo é o contrário dessa recomendação sem sentido, pois exige exatamente eliminar o açúcar (carboidrato simples)!

O excesso de carboidratos (farináceos doces e salgados) que consumimos na atualidade, na tentativa inconsciente de abrandarmos a ansiedade, é que causa o "esgotamento" do pâncreas. Quando lhe damos o merecido descanso, depois de algum tempo ele se refaz.

Alerta aos pais

As crianças de hoje, especialmente das grandes cidades, infelizmente estão sendo criadas confinadas nos lares. O espaço público diminuiu e faltam praças e locais de lazer. Além disso, a violência faz com que as crianças fiquem mais tempo em casa, diante da televisão e do *videogame*. Hoje, os alimentos que engordam mais são relativamente mais baratos que os outros. A soma desses fatores gera obesidade e diabetes cada vez mais precoces.

Considerações

Não eduquem seus filhos para serem "estômagos da sociedade" – hipertrofiados pelo consumo desenfreado – para que não necessitem, mais tarde, passar por cirurgias. Criemos nossos filhos conscientes do dever de não abusar dos recursos que estão à sua disposição, inclusive os alimentares. Comparando, que sejam o pâncreas da sociedade: aqueles que trabalham e agem sem alarde em prol da manutenção do bem comum...

INTESTINO DELGADO

Um prenúncio da porta estreita...

Cada parte do aparelho digestivo tem função específica na digestão e na absorção dos nutrientes.

No próprio intestino delgado, cada porção dele seleciona e absorve determinados nutrientes e os produtos químicos usados na agricultura e na produção de industrializados. Poucas pessoas estão atentas à quantidade de substâncias químicas e de venenos contidos nos alimentos, os quais o corpo terá de neutralizar e tentar eliminar.

No intestino delgado se refletem também nossas escolhas emocionais: o que vamos absorver e o que vai ser descartado para a reta final...

INTESTINO GROSSO

O faxineiro: o agente do final dos tempos.

No conjunto de hábitos da cada vez mais agitada vida moderna, uma parte do corpo que merece cuidados especiais é o intestino grosso, porque está exposto a uma terrível quantidade de venenos, toxinas e radicais livres que oxidam as células, além dos restos do metabolismo psicológico mal elaborado: agentes deletérios tais quais a mágoa, o ressentimento, a culpa e o remorso doentios.

Considerações sobre a constipação intestinal

O vício de engolir o que não serve
e a mania de cultivar o que não presta...

A constipação pode tornar-se cada vez mais grave, capaz mesmo de prejudicar nossa qualidade de vida. Quantas vezes ao dia o intestino deve funcionar?

De acordo com os hábitos alimentares em que fomos educados, que compreendem três refeições diárias em média, o intestino deve funcionar, ao menos, três vezes ao dia.

O automático e correto sistema de evacuar é o do bebê: acabou de mamar, logo evacua. Em todos os sentidos, suja as fraldas, berra, esperneia. Bem que o Mestre nos avisou que devemos nos assemelhar às crianças...

À medida que a criança se insere no contexto social, aos poucos perde esse automatismo fisiológico e começa a constipar. A educação que recebemos cria "máscaras de contenção" para camuflar nossas necessidades, de acordo com as conveniências sociais.

Quantas vezes ao dia devemos "evacuar", no bom sentido, problemas afetivos e psicológicos, para nos livrar dos dejetos mentais?

Evacuar é uma troca com o meio ambiente, conseqüência do que nos permitimos ingerir...

A evacuação como sinônimo de algo fétido e nojento é uma idéia derivada da nossa preguiça em pensar e escolher entre o que ingerir e o que descartar. O odor de nossa evacuação nos sinaliza muito mais do que imaginamos...

Fazer uso de laxantes é bom?

Não é bom recorrer a laxantes, mas em situações muito especiais e de emergência é seu uso é tolerável. O abuso, porém, torna-se um sério problema e muitas pessoas que desaprenderam como evacuar, normalmente apelam de forma continuada para os laxantes e, com isso, deterioram a qualidade do organismo e aumentam a propensão para doenças mais graves, tanto físicas quanto psicológicas.

"Nossa, tudo isso por tão pouco!
Essa pessoa é louca, está à beira de uma crise!"

A contenção mental-emocional gerada por mentes empobrecidas pela preguiça em pensar leva a grandes desatinos como "evacuar" em cima de incautos uma constipação emocional na forma de um "desabafo" descontrolado.

É possível reeducar o funcionamento do intestino?

Claro, pois para todos os problemas da vida, sempre há um tipo de solução, como afirmou nosso amado Francisco Cândido Chico Xavier: "Nada dura para sempre".

Para que o intestino funcione de forma correta, três requisitos são necessários: muita fibra, água e exercícios. Para as crianças, o maior problema costuma ser a quantidade de fibras que deve ser ingerida diariamente, pois a maior parte delas escolhe um tipo de dieta mais voltada para produtos industrializados e refinados. A água geralmente costuma ser substituída por líquidos adoçados, sucos ou refrigerantes. Até a falta de exercício físico – que era uma dificuldade própria dos adultos – começa a se tornar um problema na vida das crianças, porque estas vivem agora diante da televisão ou do computador, uma vida sedentária que provoca obesidade e estresse crônico.

Considerações

Pais e professores devem ajudar a criança a concluir que as pessoas cujo intestino funciona de maneira correta alimentam-se de forma adequada, bebem água na quantidade devida e se exercitam. Para isso, basta ajudar a criança a perceber que uma dieta "constipante" – que prejudica o funcionamento do intestino e a evacuação – causa desconforto e mal-estar: "Pedrinho só come lanche, doce e bebe refrigerante: vive com a barriga encrencada. Mônica come direitinho, não recusa verduras, legumes e frutas e bebe água quando está com sede. Não sente mal-estar e está sempre bem".

Observemos quando nosso intestino deixa de funcionar. Quais os pensamentos, as emoções e atitudes que estão em jogo? O que nos leva a "engolir" emoções que deveríamos, ao invés, expor ou trabalhar melhor? Que tipo de reações nossas "evacuações mentais" causam naqueles que compartilham conosco a presente existência?

ESFÍNCTER ANAL–ÂNUS

Problemas nessa região são, por assim dizer, um último aviso da necessidade de mudanças urgentes, as quais não foram entendidas ou mesmo ignoradas por nós nas fases anteriores da digestão. Por exemplo, o que poderiam significar coceiras, assaduras, eczemas, hemorróides, fissuras, tromboses, lacerações? Façamos algumas cogitações.

Coceiras: pruridos que sinalizam a necessidade urgente de mudança e que geram inquietação, obrigando a prestar atenção em nós mesmos. Necessidade de mudanças simples e fáceis de executar.

Assaduras: desvios na dieta. Lesões cáusticas que ardem, que queimam o corpo sugerem que, no plano emocional, o sujeito agressivo foi obrigado, por interesse, a engolir em seco quando desejava destruir seu oponente. Sinalizam processos agudos.

Eczemas: coceiras crônicas, com ou sem ardências, além de indicar uma mente em conflito na escolha do que deve engolir, ainda mostram dificuldades e bloqueios emocionais e afetivos. Dificuldade quase crônica para tomar decisões.

Hemorróides: escolhas malfeitas, nos vários sentidos da vida, sinalizam um grave problema sistêmico. A inflamação no plexo venoso hemorroidário indica que graves problemas podem ser levados a outros órgãos distantes. No sentido da vida social, aquele que sofre de hemorróides também está prejudicando, de alguma forma, aqueles que convivem com ele.

Fissuras: lesões físicas sempre representam desastres evolutivos nas escolhas. Fissurados no ânus devem com urgência buscar ajuda psicológica e espiritual. Precisam admitir que não foram capazes de resolver por si mesmos suas dificuldades.

Tromboses: desastres que, sem ajuda externa, não podem ser solucionados. A qualidade da ajuda é que pode determinar o resultado final: resolver ou remediar?

Lacerações: desastres relacionados com situações crônicas mal resolvidas – sejam de foro íntimo, sejam de agravos gerados nos outros – por meio de escolhas intempestivas e até mesmo cruéis, relativas, quase sempre, a existências anteriores.

Considerações

"Ensinar nossos filhos e alunos
a estudarem e analisarem suas fezes?
Que coisa mais sem sentido!?"

Evacuar deve ser um ato saudável, um adeus aos restos dos nutrientes que abasteceram nosso corpo. As sensações que sentimos durante a evacuação poderão servir de indicadores para observarmos nossa evolução. As fezes nos dão pistas fabulosas: cor, consistência, pH, formato, as sensações físicas e emocionais durante o ato... Vale a pena pesquisar o que já existe publicado sobre o tema.

Órgãos relacionados com a digestão-excreção

Nosso sistema metabólico físico e perispiritual envolve um sistema de absorção e de excreção que se complementam.

RIM

O anjo da guarda do corpo: o rim.

O sistema renal é o anjo da guarda do nosso organismo, sempre pronto a ajudar.

Considerações

Antes de dar a descarga, devemos sempre observar nossa diurese. A cor, o volume, o odor e as sensações ao urinar oferecem inestimável ajuda para reformular nossa dieta, bem como nossos pensamentos, sentimentos e atitudes. Estudar esse órgão tão importante que é o rim exigiria muitas páginas deste livro. A intenção é apresentar algumas considerações para reflexão. Por exemplo, o que quer dizer: pouca urina ou diurese excessiva; urina escura ou sem cor; fétida ou sem cheiro; gostosa de eliminar ou ardida; nossa capacidade de segurar a urina ou eliminá-la sem controle?

Convidamos os futuros mestres a analisar esses distúrbios à luz da nossa evolução espiritual e não de forma simplista, apenas como uma questão fisiológica.

GLÂNDULAS SUDORÍPARAS

Suor demais; gente que não transpira.
Transpiração quente ou fria.
Suor que cheira mal, suor sem cheiro.
Transpiração localizada...

Se pararmos para observar e pensar, nosso suor pode nos entregar, ou seja, deixar exposta nossa intimidade.

Observamos que, na atualidade, as glândulas que produzem o suor assumiram um trabalho redobrado: são agentes capazes de ajudar o corpo a se depurar dos resíduos tóxicos de uma alimentação exagerada e também do nosso comportamento mental-emocional inadequado. Esse trabalho revela-se principalmente durante as doenças febris e nas crises de angústia, depressão, pânico e surtos psicóticos.

"Lobos em pele de cordeiro";
"(...) túmulos caiados de branco por fora e
cheios de podridão por dentro". (Jesus)

Qualquer tipo de produto que iniba a transpiração, o suor – que é um tipo de limpeza –, traz sérios problemas ao equilíbrio orgânico. Os mais comuns são os desodorantes com substâncias antitranspirantes, que camuflam o suor das axilas e dos pés. O aumento da transpiração se relaciona a certas emoções, como ansiedade e medo, à obesidade, a distúrbios na digestão, aos processos febris; na convalescença de doenças agudas e aos excessos alimentares.

Considerações

Quando o odor da transpiração começa a incomodar, é hora de reavaliar a dieta alimentar, as emoções que estamos experimentando e nossas atitudes. Ao mudar a postura diante das circunstâncias, o regime alimentar, o odor que nos incomoda desaparece: esse é o mais natural e saudável desodorante que existe...

PELE

"Deixem vir a mim as criancinhas." (Jesus)
Relou: gamei! Que pele sedosa!
Parece pele de bebê!
A qualidade da pele diz com clareza como
está a nossa saúde: varia a cada dia...

A epiderme tem tantas funções que temos dificuldade em relacioná-las. Ela não é apenas um revestimento de beleza ou de sedução: também participa da respiração, da eliminação de toxinas e atua como isolante térmico. Além disso, tem a função de absorver nutrientes e, com eles, venenos cada vez mais presentes no meio ambiente.

A cada dia, mais e mais produtos e cosméticos são aplicados à pele. Parte das substâncias contidas nesses produtos será absorvida pelo organismo. A pele também participa indiretamente da digestão e seu estado pode oferecer importantes avisos para que nossos hábitos alimentares sejam revisados.

Considerações

É bom que nos acostumemos a "ouvir" nosso corpo. Por isso, antes de pensar em nos livrar de um problema na pele, devemos buscar o motivo da ocorrência que está nos incomodando.

Quando a pele envia sinais de perigo é necessário analisar como está funcionando o intestino. Outra providência é verificar a qualidade e a quantidade de água que estamos bebendo. Atenção para esta recomendação: não confundir a ingestão de água, que é recomendada, com a de outros líquidos.

CABELOS

"Debaixo dos caracóis de seus cabelos..."
Atenção: cabelos sem cor, sem vida, quebradiços,
ou ausência de cabelo têm um significado.

O valor que damos à aparência e como valorizamos a nós mesmos nos levam a desejar mais ou menos cabelo, liso, encrespado, cabelo curto ou comprido. O mesmo grupo de pessoas que venderam – recorrendo a vários artifícios – os alimentos que consumimos na infância tenta agora nos vender produtos que supostamente consertam o estrago que causaram aos nossos cabelos.

Alimentação industrializada, carente de nutrientes, leva à perda de qualidade orgânica, causando, inclusive, a perda prematura dos fios capilares.

Milhares de pílulas de betacaroteno
não substituem, por exemplo, uma cenoura
recém-colhida, cultivada sem o uso de agrotóxicos,
mastigada com calma, saboreada com gratidão,
ingerida com prazer...

Considerações

Qual o pai ou professor que promove o debate ao invés de simplesmente fornecer informações? Por exemplo: os adolescentes têm idéia do prejuízo a cada vez mais curto prazo causado ao organismo, em conseqüência do uso de substâncias de ativação capilar como a Finasterida?

Quem de nós conscientiza seus pupilos de que o preço de uma vasta cabeleira – conquistada graças ao uso de produtos farmacêuticos – que os ajudará a ser cobiçados hoje, custará a impotência sexual de amanhã?

Esse é um assunto que deve ser debatido nas aulas de educação sexual, nas reuniões familiares, nas escolas da vida...

Quem desejar enxergar os acontecimentos de amanhã e evitar o pior, deve começar a trabalhar com seus filhos antes mesmo do seu nascimento, preparando-se para educá-los. Antes deve rever, de forma criteriosa, com honestidade, sua postura diante da vida.

Sinaliza a sabedoria que devemos sempre começar do conhecimento básico para irmos mais além. Que tal, desde já, ensinarmos nossos pupilos sobre a importância da dieta alimentar para alcançarmos uma melhor qualidade de vida? Por que não nos esforçarmos em associar a alimentação saudável à qualidade do corpo, à aparência pessoal, ao bom funcionamento do organismo?

UNHAS

O cuidado com a aparência das unhas indica quem somos?

Com certeza as unhas servem como um indicador de nossa evolução: mostram claramente – para quem tiver olhos de ver – como nos relacionamos conosco mesmo e, principalmente, com aqueles que nos rodeiam. Por que limpamos as unhas, cortamos as unhas, pintamos as unhas, mandamos recados por meio das unhas? Algumas possibilidades de resposta se apresentam a essas questões:

Limpar as unhas: além de boa educação e cuidado com a aparência, essa preocupação pode refletir, quando exagerada, sem que percebamos, conflitos íntimos de reajustes.

Cortar as unhas: quando nossas unhas crescem e sentimos a necessidade de cortá-las muito depressa, essa preocupação pode sinalizar que, inconscientemente, desejamos podar nossos desejos, ambições e atitudes egoístas que poderiam lesar o próximo.

Pintar as unhas: manter as unhas de acordo com os padrões da atualidade revela respeito para com os valores do próximo. Já o excesso de preocupação com as cores da moda e a forma revelam superficialidade. Cuidado com as pessoas que dão prioridade para a ida à manicure e relegam para segundo plano compromissos sociais em favor do bem comum.

Mandar recados por meio das unhas: pintar as unhas com recados da moda ou situações do momento significa falta de firmeza ou insegurança.

Considerações

Que tal observar nossas unhas, avaliar sua aparência e qualidade: descamação, rachaduras, dureza... O que podem nos dizer as unhas quanto à nossa alimentação? Muito mais do que imaginamos...

Órgãos que se relacionam com a nutrição

O homem é o único habitante da Terra
capaz de comer sem ter fome...

Alguns órgãos atuam diretamente na seleção da qualidade e da quantidade dos alimentos ingeridos. A criança deve ser alertada e educada para tomar consciência desse mecanismo, de modo a exercer sobre ele um controle voluntário, para que seja capaz de mudar certos padrões de atitudes já automatizados.

NARIZ

O odor dos alimentos é capaz de produzir substâncias que agem no centro da fome, localizado no cérebro, aumentando ou eliminando a sensação de apetite.

Para os desavisados, pode parecer um absurdo imaginar que podemos comer até pelo nariz, ou usá-lo para estragar ou para melhorar nossa dieta, mas essa é a realidade...

O que para uns é bom, cheiroso, agradável, para outros é nauseante...

Como administrar as diferenças de odor que existem entre os alimentos? O que é nauseoso para uns é um petisco para outros! Como diferenciar? Por outro lado, como escolher o melhor alimento para o espírito? Quais são os pensamentos, sentimentos, as palavras e atitudes de mais fácil digestão? O que uma coisa tem a ver com a outra? Quem não ouviu, por exemplo, a expressão "Essa história cheira mal!"

Considerações

Nem tudo que cheira bem, é gostoso, necessariamente é saudável.

A criança deve aprender a usar o olfato para selecionar os alimentos de que necessita. Vale a pena ensinar a criança a sentir a diferença entre o odor do alimento natural e do industrializado.

OLHOS

Todos já ouvimos em algum lugar a expressão: "comer com os olhos".

O apelo visual dos alimentos tanto pode abrir o apetite quanto fazer com que ele desapareça. Estamos expostos ao apelo em favor do consumo de doces e guloseimas, de comer e de beber, em todos os lugares: em casa, na escola e até nas farmácias.

Os comerciais de televisão tornam-se cada vez mais prejudiciais à dieta das crianças, que ficam mais à mercê dos apelos visuais que as incentivam ao consumo de alimentos industrializados.

Considerações

Claro que a beleza física é importante, mas tão ou mais importante é a beleza interior, a beleza da alma. Entender o belo, em toda sua pureza, depende do uso correto da inteligência.

OUVIDOS

Que delícia, é muito gostoso!

Mesmo que estejamos sem fome, basta ouvir algum som que lembre comida, logo o "centro da fome" é ativado no cérebro. Por exemplo: o ruído inconfundível de pipocas estourando na panela, o frigir de ovos...

CÉREBRO

Em nós, o ato de nos alimentar pode ser controlado pelo ato de raciocinar?

Quem consegue pensar de forma mais ordenada desenvolve a capacidade de discernir para escolher melhor a quantidade e qualidade dos alimentos. Além disso, consegue resolver um enigma: distinguir entre o que é nutritivo e o que é gostoso.

Quando nossa alimentação precisa ser revista, seja por causa de uma doença seja por opção voluntária e preventiva, nesse momento o hábito de refletir sobre o assunto ajuda-nos a incorporar novos conhecimentos aos antigos hábitos, para reformá-los com mais facilidade.

Basta ouvir o corpo.

Sim, nosso corpo realmente fala, ou deveria, se lhe damos ouvidos e oportunidade. Quando pensamos pouco ou mal, o corpo nos alerta "aos berros": inflamações, dores, sofrimentos... Muitas vezes, nessas circunstâncias, quando nos medicamos, é como se disséssemos ao nosso corpo: "Cale a boca, que não te perguntei nada!"

Quem se deixa guiar pela mídia (especialmente a televisão) ou pelos registros do subconsciente (aprendizagem e treinamento recebido na infância) corre o risco de tornar a alimentação quase num vício, com todos os agravantes causados por essa condição.

Considerações

Bem-aventurados os aflitos...

Aprender com o sofrimento foi um ensinamento que Jesus nos apresentou para nos ajudar a constatar a Lei de Causa e Efeito. Sempre que estivermos sofrendo, valerá a pena reavaliar nossa alimentação. Até nas situações de fundo psicológico a mudança de hábitos alimentares pode ajudar na cura.

SEXUALIDADE

Sem pensar em profundidade no que estão dizendo, quando se trata de relações sexuais, a maioria das pessoas se exprime corriqueiramente, demonstrando desconhecer a realidade da troca de energia envolvida na sexualidade. Não falamos aqui de antropofagia física, mas do vampirismo energético...

Considerações

Nas aulas de educação sexual, poucos professores conseguem ir além do lugar-comum ao explicar as transformações anatomofisiológicas da puberdade, o risco de gravidez, as DSTs, as doenças sexualmente transmitidas, o uso de camisinha como o método mais seguro para evitar muitos problemas. Na vida em família a situação não é diferente, pois os tabus limitam o raciocínio. É interessante neste tópico que também sejam abordados os aspectos energéticos que envolvem uma troca, o mecanismo de alimentação energética que conhecemos como amor.

A personalidade de cada um participa da formação dos hábitos alimentares

Para muitas pessoas pode parecer muito estranha a idéia de que pode haver alguma relação entre a forma como as pessoas se alimentam, a qualidade da digestão e as características da sua personalidade. Parece estranho, no entanto é um fato que está ao alcance de qualquer um comprovar, basta observar para poder concluir. Neste livro os comentários que fazemos servem apenas como modestos exemplos para ilustrar o conceito que está sendo apresentado.

Algumas dessas relações estão bem visíveis, é muito fácil percebê-las. Exemplos: o ansioso corre desesperado atrás do açúcar, das massas e do chocolate. O irritado ou o colérico busca consolo na ingestão de alimentos de sabor amargo, condimentos fortes e bebidas alcoólicas que estimulam as secreções do fígado...

É fácil ensinar a criança a observar, com o devido respeito às opções alheias, as conseqüências dos exageros alimentares, entre os próprios familiares, por exemplo: o tio que abusa da bebida alcoólica vive doente; o primo que troca as refeições por doces e salgadinhos está obeso e mal consegue subir na bicicleta e assim por diante...

Quanto à qualidade da digestão: determinadas características de personalidade correspondem a distúrbios digestivos particulares. A princípio temos dificuldade em ligar uma coisa com a outra, pois nossas emoções e sentimentos andam bem misturados e, além disso, geralmente não percebemos ou desconhecemos a diferença que existe entre emoção e sentimento.

Apenas para ilustrar essa noção (que isso fique bem claro, cada caso é um caso):

Ansiedade em descontrole leva ao consumo de açúcar, alimentos produzidos com farinha que fermentam com facilidade, causando a produção exagerada de gases. As misturas gastronômicas daqueles que se alimentam compulsivamente causam gastrites, freqüentes nesse grupo.

Cólera e raiva travam a produção de suco gástrico e da bile, dificultando a digestão e contraem a musculatura do aparelho digestivo, produzindo vários tipos de dor.

Insegurança e medo conduzem à doença do cólon irritável, a diarréias crônicas.

Medo e ansiedade contidos conduzem aos vômitos fáceis (o popular estômago fraco).

Considerações

Senhores pais e professores: torna-se mais fácil entender a relação entre dieta e distúrbios digestivos relacionados com o caráter e a personalidade. Além disso, quando temos noções da anatomia energética do ser humano, dos centros de força (conhecidos no Oriente como chacras), mais fácil será compreender nossos eventuais problemas de saúde. Quanto mais cedo a criança iniciar-se nesses conhecimentos, mais dificilmente será explorada pelos arautos do sobrenatural. O primeiro passo é ensinar a criança que ela é um espírito eterno, criado por Deus, que possui um corpo físico e outro espiritual que sobreviverá quando da perda do corpo material.

A DIETA COMO FERRAMENTA DE DESCOBERTAS ÍNTIMAS QUE PODEM AJUDAR A CRIANÇA A...

...entender quem é, de onde veio

DEFINIR SUA INDIVIDUALIDADE

Somos seres únicos. Não há outro igual
a cada um de nós no universo...

O exercício de descobrir do que, quanto e quando cada um de nós deve alimentar-se é um recurso capaz de ajudar a criança a compreender, a aceitar e a respeitar sua individualidade. É saudável que descubra o mais cedo possível que nem tudo que é bom ou mau para uns é a mesma coisa para outros.

Padronizar o ser humano é rebaixar as pessoas.

A questão dos modelos vigentes na cultura do consumo é uma dificuldade que poucos adultos conseguem superar na hora de educar as crianças quanto à formação dos hábitos alimentares.

Bem que algumas delas tentam lutar contra a padronização que lhes é imposta, mas logo são vencidas pela "educação familiar" para que comam isso ou aquilo... Poucos são os que se libertam desses padrões sem sofrer. Uma vez enquadrada em padrões, a criança perde seu referencial e poderá, em muitos casos, sentir-se doente ou numa condição de inferioridade. Outra conseqüência: sentir uma vontade incontrolável de destruir os velhos padrões, recorrendo até à violência, se assim achar necessário. Por outro lado, ao descobrir que as pessoas são naturalmente diferentes, não se sentirá constrangida por não apreciar as guloseimas que alguns de seus amiguinhos devoram compulsivamente no lugar das refeições...

Descobrir e aceitar a individualidade permite sentir que não somos nem melhores nem piores do que os outros: somos apenas e, maravilhosamente, nós mesmos...

Cada um deve ser capaz de definir suas necessidades alimentares e recusar os alimentos que, embora atraentes para a maioria das pessoas, não satisfazem suas necessidades nem despertam seu interesse. Muitas pessoas podem apreciar um suculento bife e outras se deliciar com uma fruta, um prato de legumes ou uma simples salada...

Cada um de nós é um ser único, incomparável...

Quando o adulto compara uma criança com outra a partir dos seus hábitos alimentares, colabora para que a que está sendo desfavorecida na comparação perca seu referencial. O outro passa a ser o seu modelo. Os problemas causados por essa imposição são maiores do que poderíamos imaginar.

A criança que tem suas características corporais e comportamentais respeitadas pelo adulto é, em virtude dessa atitude, incentivada a observar, sem constrangimento, os caracteres que as diferenciam das demais.

Alerta

Os padrões de beleza estão respondendo pela baixa auto-estima de muitas meninas, que "destroem" a sua tireóide (a glândula ligada à auto-estima, ao amor próprio). Hoje, de cada dez mulheres jovens, cinco ou seis apresentam ou poderão apresentar a tireoidite auto-imune. Muitos são os motivos, mas minha experiência como médico aponta para a imposição de ditames de beleza em desacordo com as características dessas mulheres.

SABER QUEM SE É COMO PESSOA

Eu sou eu, você é você; cada um na sua.
Mas quem sou eu?

O ato de se alimentar pode oferecer à criança a oportunidade de perceber que ela pensa, sente, age e reage de forma específica e que seu corpo revela sensações que podem ser interpretadas como boas ou ruins, definindo a necessidade de mudanças ou não.

Iniciada nessa arte de se perceber, a criança passará a filtrar o que outras pessoas mandam que ela faça: vai decidir se vale a pena ou não obedecer. Compreenderá que seu corpo vai sofrer as conseqüências das escolhas inadequadas.

Ao aprender a se observar, descobrirá outro componente de sua personalidade: as emoções. Conseguirá perceber que alguns alimentos não são bem recebidos pelo corpo sob a ação de certas emoções e que algumas destas não combinam com alimento algum. Por exemplo: a cólera ou a raiva no momento da refeição, ou durante a digestão, costuma produzir dor de estômago e fermentação, em especial quando associada a alimentos que exigem uma carga de trabalho maior da vesícula biliar ou do fígado; o medo durante a refeição ou digestão é capaz de causar diarréias etc.

Alerta

Aprender a observar as sensações que o corpo devolve durante ou após as refeições pode ser uma ferramenta interessante para se descobrir o padrão emocional de cada pessoa. Emoções e sentimentos são capazes de influenciar os órgãos envolvidos na digestão a produzir mais ou até travar a produção de determinadas secreções e enzimas.

Considerações

Sempre que a criança apresentar algum distúrbio que possa estar associado ao que comeu, vale a pena o adulto estar atento às emoções envolvidas no processo: medo, ansiedade, ira, cólera, despeito, ciúmes, inveja etc. Nessas horas, é útil dizer: a inveja não faz bem, a cólera é um perigo...

APRENDER A ACEITAR-SE

Espelho, espelho meu, existe alguém mais bonito e realizado do que eu?

Sabemos que as comparações feitas pelos adultos na hora de formar os hábitos alimentares das crianças causa sérios problemas; isso não se discute. No entanto, é possível amenizar ou até consertar esse prejuízo, mostrando à criança que nenhum tipo de alimento, por si só, deixa alguém mais feio ou mais bonito, mais loiro ou moreno, alto ou baixo, mais inteligente ou menos.

Essa tarefa exigirá maiores esforços de nossa parte se, por qualquer motivo, tivermos relegado nossos filhos a longas exposições diante da televisão, sujeitando-os à assimilação de "padrões" televisivos a serviço de interesses econômicos. Libertá-los dessa influência negativa quanto antes é dever dos pais e educadores.

Os "magos" que esculpem modelos a serem seguidos estão à solta.

Hoje o poder de persuasão da mídia é tão grande que muitas crianças e jovens passam a rejeitar seus corpos, tentando enquadrar-se nos padrões de beleza ditados pelos modismos. Isso gera ansiedade compulsiva que, por sua vez, pode conduzir à obesidade. Esse estado, igualmente, logo vai causar culpa e angústia e realimentar um estado ansioso do tipo: "Já que é impossível ficar assim, vou comer até estourar". Na outra ponta do processo, a recusa em alimentar-se leva à anorexia nervosa. Além disso, aumenta de forma preocupante o número de jovens que se submetem a cirurgias plásticas.

Considerações

Cabe ao adulto consciente reverter esse processo, servindo de exemplo, aceitando-se, sem recorrer a artifícios dispendiosos e perigosos – maquiagem, dietas mirabolantes, remédios, lipoaspiração...

Vamos nos esforçar para mudar pelo nosso esforço próprio, sem recorrer a panacéias miraculosas. Essa atitude honesta, por si só, é um sinal de respeito à criança, em todos os sentidos. O simples e o básico costumam ser o melhor caminho. No caso da obesidade, por exemplo, ao reformularmos nossa dieta, os resultados sempre aparecem e melhoram nossa auto-estima, o que logo é repassado à criança que nos observa muito mais do que imaginamos, copiando, inconscientemente, nossos padrões de comportamento.

PERMITIR QUE SEU CORPO SE EXPRESSE

Eu não gosto do bom gosto, apenas.
Eu não gosto da etiqueta, por si só. Eu agüento até
os modismos. Mas eu não gosto de maus-tratos.

Eu não ligo para as receitas. Cuidado comigo, pois quando contrariado falo a língua da dor. Deu para entender?

Ao ser ajudada a fazer a distinção entre doença e as particularidades do seu corpo, a criança aprende a ouvir e a entender sua linguagem: simples, clara e direta, às vezes contundente. O perigo que as ronda é a influência às quais estão sujeitas, supostamente intérpretes das suas necessidades. A criança deve ser auxiliada a educar-se para decifrar a linguagem do corpo, pois ele se expressa de várias formas.

A mensagem orgânica mais fácil de ser entendida é o sofrimento: a dor, a febre, o mal-estar...

A mensagem do prazer e da satisfação é mais difícil de ser compreendida por pessoas ainda despreparadas, exceto por ocasião dos exageros que fatalmente as levam a sofrer: infelizmente, poucos ainda compreendem e querem entender esses avisos.

"Água mole em pedra dura tanto bate até que fura..."

Desse aprendizado – entender o que o corpo quer dizer por intermédio dos sintomas que apresenta – a criança pode depreender, por si mesma, dentre outras coisas, o que é bom, e o que é apenas gostoso, saboroso. Claro que, no princípio dessa caminhada, ela necessita da colaboração do adulto, até que possa fazer essa "leitura" sozinha.

No início, basta ajudá-la a observar suas sensações corporais em função da quantidade de alimento ingerido, considerando os vários tipos de alimentos que ingeriu e a maneira como se alimentou.

Na seqüência do treinamento, ela reterá as informações no seu "arquivo pessoal", o subconsciente. O subconsciente automatiza essas experiências e funciona como um piloto automático que sempre segue o rumo que foi traçado.

O automatismo, porém, torna-se perigoso em muitas situações, pois é incapaz de mudar diante de um perigo iminente. Essa é uma razão mais do que suficiente para justificar o esforço que devemos fazer para desenvolver a capacidade de discernir e automatizar apenas o que é bom. Quando ainda não somos capazes de "ler" o que o corpo está transmitindo, o resultado são as doenças que sofremos e que poderiam ser evitadas...

O estilo de vida atual complica a situação, pois cria cada vez maiores facilidades para agredirmos o corpo em conseqüência de escolhas que raramente são realmente nossas, porque somos muito influenciados pela mídia. Muitas vezes, até os preceitos da medicina são fatores relevantes de perigo, já que muitas medicações apenas bloqueiam as dores, encobrem as sensações desagradáveis...

Quantas vezes o corpo não tenta nos avisar que a quantidade ou o tipo de alimento que estamos ingerindo é inadequada e recebe como resposta um "Cale a boca que não perguntei nada", na forma de um remédio para azia, dor de cabeça etc.?

Considerações

A criança que recebe educação alimentar aprende que células saudáveis são capazes de avisar, de alguma forma, com prontidão, quando está em andamento uma agressão ao corpo. Sabe reagir, por si mesma, e contorna a dificuldade.

Nem todas as conseqüências dos maus hábitos e das más escolhas merecem o alívio dos remédios.

Remediar o que poderia tornar-se uma lição a ser aprendida é uma escolha pior do que o mal que estamos sofrendo.

SAÚDE OU DOENÇA: A ESCOLHA É SUA[3]

Na arte de viver como alquimistas, no transformar prazer em dor, já somos mestres. O que mais precisamos agora é aprender que a dor sinaliza que algo está errado e deve ser modificado.

Ao reconhecer e aceitar a própria individualidade, à medida que é iniciada no estudo das leis da vida, a criança pode ser ajudada a compreender melhor a diferença entre saúde e doença e a evitar tratamentos desnecessários, desperdício de tempo e de recursos para consertar os estragos orgânicos que poderiam ser evitados.

3. O autor possui um livro com esse mesmo título, publicado também pela Petit Editora. (N.E.)

Na atualidade muitas experiências que teimamos em viver são totalmente dispensáveis, pois milhares ou milhões de outras pessoas que as vivenciaram já nos passaram suas conseqüências negativas. Uma pessoa cujo corpo não tolera a ingestão de um pastel sem apresentar azia não é um doente: é apenas um descuidado... Outro que apresente coceiras ou espinhas quando come chocolate, amendoim ou açucarados também não está doente, nem precisa de tratamento médico. Precisa apenas parar para pensar de que forma desenvolver a capacidade de discernir o que é melhor para si mesmo, sem se importar com o que outros fazem ou dizem para fazer.

Considerações

A educação alimentar oferece à criança a possibilidade de entender por que não deve usar remédios para poder comer coisas que seu corpo, por razões diversas, não aceita. Insistir em ingerir o que não nos faz bem é um tipo de atitude doentia: devemos aceitar que nosso corpo não assimila determinados alimentos, os quais devemos eliminar de nosso regime alimentar.

DESENVOLVER A INTELIGÊNCIA

Palavras, apenas palavras,
estímulos visuais e auditivos apenas
não desenvolvem a inteligência.
Necessitamos com urgência de vivências...

O raciocínio contínuo nos permite desenvolver a capacidade de inteligência: observar/refletir/aplicar. Quanto mais se exercita o pensamento, mais a inteligência se desenvolve. Se o adulto der oportunidade, a criança poderá tornar-se capaz de discernir, dentre as experiências que vive no dia-a-dia, o que é bom para ela e o que não é. As crianças de hoje já estão rompendo muitos paradigmas dos adultos: daí porque estão deixando todos em polvorosa...

Considerações

Ao ser educada para observar em que quantidade e quais alimentos lhe fazem mal, a criança desenvolve a capacidade de pensar e de fazer escolhas. Não importa que, num primeiro instante, esteja fazendo isso para fugir da dor de estômago, do vômito, da náusea, da diarréia. Com o passar do tempo, essa educação deverá ampliar-se, auxiliando-a a identificar quais são os alimentos capazes de lhe produzir bem-estar, disposição e vitalidade.

A quantidade de alimentos ingeridos é outro fator importante nessa educação. Além da parte qualitativa, aos poucos, a criança será capaz de definir suas necessidades quantitativas de alimento, não dando ouvidos a afirmações do tipo "Dessa vida só se leva o que se bebe e o que se come"...

APRIMORAR A CAPACIDADE DE DISCERNIR

Meu bem, meu mal...
Será tão difícil distinguir o bem do mal?

Mesmo que não percebamos, pensamos o tempo todo. No que diz respeito à alimentação, o bem pensar efetivo e realizador para escolher os alimentos que nos trarão saúde exige boa dose de conhecimento, maturidade psicológica, disciplina emocional, vontade e desejo de executar o que aprendemos. O estudo da dieta, além de possibilitar o desenvolvimento da capacidade de avaliar o que é bom – nos alimentamos diariamente e várias vezes ao dia –, ainda pode contribuir para o desenvolvimento da capacidade de identificar o que mais necessitamos. Depois do alimento, essa capacidade de escolher o que é melhor será aplicada em todas as circunstâncias em que seja necessário escolher e antever resultados.

O segredo das escolhas acertadas está no aprendizado da arte de prever conseqüências e de avaliar possíveis desdobramentos, tanto em nossa vida íntima, quanto na vida das pessoas com quem interagimos ou às quais estamos ligados afetivamente.

Considerações

Cuidar do corpo e do espírito. Somos espíritos em evolução: corpo, mente, emoções, sentimentos...

A criança deve ser sempre lembrada de que qualquer coisa aprendida por intermédio da educação alimentar também poderá ser projetada em outras atividades. Essa capacidade de discernir, ao alimentar-se, entre o que é bom e o que é ruim, irá se refletir na sua vida profissional, afetiva, familiar, social. Um exemplo comum e fácil de ser assimilado: peçamos para a criança observar – não para criticar ou julgar – pessoas conhecidas que dizem freqüentemente "Não gosto disso", "Detesto aquilo" quase sempre sem ter experimentado o alimento a que estão se referindo.

A lição é simples: aquele que cria limites para novas experimentações refreia-se a si mesmo, tolhendo os próprios passos. Deixa de experimentar aquilo que, eventualmente, poderia ser de grande proveito para o seu organismo. Para executar essa tarefa, de desenvolver a maturidade que permita discernir com segurança entre o alimento que é bom e o que não é, o estudo da dieta fornece parâmetros simples, como, por exemplo: "Este alimento, nesta quantidade, neste horário e sob determinadas condições emocionais é proveitoso para o meu organismo. Se as condições forem diferentes o mesmo alimento pode não servir, e até é capaz de fazer mal". Comparecer a uma festa de vez em quando não é de todo mau, mas, freqüentá-las todos os dias, ingerindo, nessas ocasiões, alimentos não adequados às exigências do nosso organismo poderá nos causar sérios transtornos.

ENTENDER O PAPEL DA RELATIVIDADE NA VIDA HUMANA

Cada um é cada um; apenas um observador de si mesmo; e há momentos certos para tudo...

A criança deve aprender a usar referenciais para se posicionar quanto aos acontecimentos de sua vida e de outras pessoas, tomando o ato da alimentação como material pedagógico. Podemos começar essa lição ajudando-a a compreender que determinados alimentos são adequados para alguns, mas para outros não, e que um alimento normalmente aceito pelo organismo em outras condições poderá causar problemas.

O leite pode ser um bom parâmetro dessa realidade: em primeiro lugar, somos animais racionais, mamíferos. A natureza é sábia: se o leite de uma espécie não fosse inadequado a outra, a desordem no reino animal seria geral. Veríamos o gato mamando na vaca, o cão na égua... Ocorrências exploradas pela mídia, que tanto agradam ao público – um ursinho polar abandonado pela mãe e amamentado por uma porca –, merecem reflexão, mas são apenas exceções. As exceções não eliminam as regras, as leis naturais de evolução.

Durante a fase de lactente, é claro que o leite materno deve ser a base da nossa dieta. Ultrapassada essa fase, o leite começa a trazer complicações. Durante a fase inicial, tais complicações se mostram por intermédio do mau funcionamento de algum órgão, mas, dependendo do tempo em que o leite for consumido, poderá até causar lesões orgânicas. Nesse caso, a lição é clara: a necessidade de ingerir um alimento pode ser restrita apenas a um determinado período da existência. O que é bom, essencial ao organismo durante a infância, na idade adulta é inconveniente...

Noutra situação, a criança pode perceber que determinados alimentos que fazem parte de sua dieta causam problemas em determinadas circunstâncias. Por exemplo: ontem a banana-nanica fez bem. Amanhã poderá causar dor de estômago se a criança estiver nervosa, com raiva de alguma coisa.

Alimentos adequados para um tipo de pessoa não servem necessariamente para outra. As constituições orgânica e psicológica das pessoas são diferentes, apresentam necessidades diversas. Por outro lado, o mesmo alimento pode ser bom ou danoso para a mesma pessoa quando ingerido em circunstâncias diferentes.

APRENDER A DESMATERIALIZAR O RACIOCÍNIO PARA MELHOR COMPREENDER A VIDA

Tudo é energia.

A falta de compreensão do que ocorre e do que movimenta os acontecimentos em nosso entorno pode tornar-se um foco de sofrimento. A cada dia fica mais evidente a ação da energia, em suas várias formas (não apenas a elétrica), nos acontecimentos que movem nossas vidas.

É preciso introduzir na educação das crianças noções básicas sobre os vários tipos de energia que movimentam a vida, para que elas sejam capazes de perceber, com mais clareza, o que ocorre na relação entre o corpo, a mente, e as emoções, e como elas interagem com as outras pessoas e com o meio ambiente.

Considerações

1. Todas as crianças assistem à televisão. A imagem materializada na tela viaja pelo ar como ondas, e não as vemos. A energia elétrica passeia pelos fios, acende a luz e faz funcionar os eletrodomésticos, e também é invisível aos nossos olhos.

2. Para explicar o que é energia vital (todos os seres vivos a possuem) e sua importância, podemos, por exemplo, nos referir à falta de disposição que sentimos às vezes para executar uma determinada tarefa, por mais simples que seja. A lição: não basta apenas a boa vontade para fazer alguma coisa, é necessário dispor de energia para executá-la. O consumo de alimentos que já perderam a energia vital (tudo que foi colhido ou abatido há mais de três dias já perdeu a energia vital) ocasiona essa "fraqueza" temporária, que vamos contornar alimentando-nos com produtos frescos e saudáveis.

3. No ato de se alimentar, é fácil ajudar a criança a perceber que determinados alimentos geram mais disposição do que outros: são os chamados energéticos. O efeito de alguns é potente mas passageiro, trazendo depois mais cansaço. Outros mantêm a sensação de disposição e bem-estar por mais tempo. É importante convidar a criança a sentir a diferença de suas reações, de sua disposição física, quando se alimenta de produtos industrializados e quando ingere alimentos naturais. Essa experiência vai ficar guardada em sua memória e, no futuro, a ajudará a conquistar melhor qualidade de vida.

COMPREENDER O VALOR DO TEMPO

O tempo é o senhor de todas as realizações. Tudo acontece no momento certo, nem antes, nem depois.

Sem dúvida, uma das principais razões da nossa ansiedade é a urgência. Precisamos, de alguma forma, "fabricar tempo", para ter tempo de realizar tudo o que desejamos ou que os outros nos induzem a desejar: a satisfação imediata dos nossos desejos é sinônimo de sucesso. Foi previsto que esse modo de viver um dia iria causar a excessiva ingestão de alimentos. Isso já está acontecendo há anos.

Em virtude da pressa, angustiadas, as pessoas buscam compensação na alimentação saborosa, gratificante mas inconveniente ao organismo. As recomendações dietéticas feitas pelo profissional competente costumam entrar por um ouvido e sair pelo outro, são geralmente ignoradas pela maioria das pessoas. "Por que perder tempo mastigando?", "Sentir o gosto dos alimentos, para quê?", "Separar os alimentos? Para quê, se tudo vai misturar-se na barriga?"...

Neste mundo de corre-corre e de refeições *fast-food* não arranjamos tempo nem para prestar atenção ao que estamos comendo. Causamos, a curto, médio e longo prazo, sérios danos ao organismo, comprometemos nossa disposição e vitalidade.

Considerações

O ato de comer devagar e com calma nos ajuda a observar as respostas que nosso corpo oferece à mente, na forma de sensações boas ou não, após as refeições. Essa atitude é um bom recurso para aprendermos muitas coisas a respeito de nós mesmos e desenvolver o respeito por nós mesmos e "dar tempo ao tempo".

IDENTIFICAR NOSSOS PROBLEMAS DE CARÁTER

Não há pessoa mais desconhecida para nós do que nós mesmos... Imaginamos ser aquilo que nos disseram que somos ou o que desejamos um dia nos tornar – mas que nada tem a ver conosco. A isso chamamos educação...

Imaginamos ser uma criatura da qual não somos nem a sombra. Nossa auto-imagem é muito distorcida. Para que nos aproximemos da realidade, devemos usar o autoconhecimento. Nossos hábitos alimentares nos ajudam a descobrir quem somos realmente: "Diga-me o que comes e direi quem és", poderíamos afirmar...

Alguns indícios de nossos problemas de caráter são mostrados pela maneira como nos alimentamos:

Comer escondido – revela avareza, mesquinhez, egoísmo. Pior ainda quando não nos contentamos com a parte que nos cabia e comemos a porção dos outros: temos dificuldade para respeitar o que pertence a outras pessoas;

Servir-se primeiro e das partes maiores ou melhores do prato – indica egoísmo com prepotência; além disso, mostra que não somos amigos, em quem se pode confiar; nem sócios honestos em empreendimento algum;

Encher a boca – indica, além dos problemas anteriores, uma forte tendência para a gula, uma absoluta falta de preocupação com os direitos alheios. Nesse caso, só pensamos em nossos próprios interesses;

Falar de boca cheia – além de falta de educação, o que é primário, indica desleixo e falta de respeito pelos outros;

Arrotar durante a refeição na frente dos outros – é pura falta de respeito, exibe prepotência;

Montanha de comida no prato – além de gula e egoísmo, mostra insegurança e medo de usufruir menos que os outros;

Misturar todos os alimentos no prato – dificuldade de separar o que é seu do que é dos outros. Pressa em fazer tudo de uma vez; é alguém que não dá valor algum aos detalhes, às coisas simples e belas;

Apetite muito seletivo – teimosia e falta de flexibilidade. Desprezo pelas opiniões alheias, tendência a querer sempre fazer valer seu ponto de vista, doa a quem doer e custe o que custar;

Nojo ou aversão declarados por certos alimentos na frente diante dos anfitriões ou de quem preparou a refeição – indica prepotência, falta de sensibilidade e de respeito ao próximo, que vai manifestar-se em muitas outras ocasiões;

"Olhos maiores do que a boca" – desprezar alimentos que colocou em excesso no prato revela o pouco valor que dá aos outros, a objetos e conquistas pessoais, tanto próprias quanto de outras pessoas. Falta de bom senso para compreender e aceitar limites;

"Dá um pedacinho!" – revela inveja e gula, insatisfação permanente, que jamais se contenta com aquilo de que dispõe.

DETERMINAR O QUE VAI SE TORNAR NA VIDA

**Nossas tendências e impulsos inatos,
manifestos desde a infância,
são pedidos de socorro aos adultos:
por favor, me ajudem!**

Observando como as crianças, desde o nascimento, lidam com os alimentos, segundo o que mostram e verbalizam, é possível prever – sem recorrer à mediunidade – o seu futuro. Aqueles que são irredutíveis, que afirmam categoricamente: "Não gosto disso!"; "Odeio aquilo!"; "Nem quero experimentar: sei que não vou gostar!", limitam suas realizações, serão *médios* em tudo. Permanecem assim até receber auxílio para vivenciar, com fé e coragem, experiências que os ajudem a fortalecer seu caráter, ajudando-os a definir-se, sem recorrer a desculpas, meio-termos e justificativas infundadas.

Considerações

Todos nós queremos o melhor para os nossos filhos e alunos. Então, o que nos impede de ajudá-los a inovar, a contrariar seus impulsos e instintos prejudiciais?

Que tal exemplificar com honestidade, colocar nossa intimidade na berlinda? Por que não criar o Dia do Desafio, data na qual vamos enfrentar tudo o que mais detestamos?

APRENDER A DESENVOLVER A PACIÊNCIA

Ninguém melhor que o estômago
para nos ensinar a arte de mastigar
os fatos da vida com paciência...

Diz a sabedoria popular que "o apressado come cru". Fazer uma coisa de cada vez, no tempo certo, é um ensinamento constante na obra de todos os mestres. Essa afirmação confirma-se no dia-a-dia. Para entender essa lição, como todas as outras, é preciso vivenciá-la. Caso contrário, entrará por um ouvido da criança e sairá pelo outro...

Considerações

1. Que tal pesquisar, na família e nas escolas, o que sentem depois das refeições as pessoas que comem depressa, que devoram os alimentos quase sem mastigá-los?

2. Depois, por que não promover um campeonato para ver quem mastiga mais? Anotar como se sentem aqueles que assim procedem para depois comparar as anotações com os primeiros, os engolidores de alimentos.

APRENDER A ARTE DA TOLERÂNCIA JÁ NAS PRIMEIRAS BOCADAS

Que delícia!
Muito bom! Diferente!

Quando viajamos ou somos convidados – ou mesmo "obrigados", pela profissão ou por outras circunstâncias – a participar de refeições, banquetes, onde são servidos alimentos bem diferentes daqueles que fazem parte dos nossos hábitos, da nossa cultura, qual é a nossa postura? Como nos comportamos diante de hábitos alimentares exóticos para nós, mas usuais em outras regiões?

Hoje em dia, quando recebemos em casa amigos de nossos filhos para um dia de convivência ou mesmo um final de semana, uma das nossas maiores preocupações é: "O que essa criatura come?" Pedimos referências aos nossos filhos. Quando amigos de seus pais, perguntamos a eles quais são as preferências de seu filho. Quando a criança consome apenas alimentos que estamos procurando eliminar da dieta familiar, o que fazer? Há que respeitar suas escolhas, servindo sem criticá-los ou diminuí-los, aproveitando a oportunidade para ensinar nossos filhos que não devemos obrigar ninguém a seguir os nossos passos.

Considerações

1. E quando nossos filhos são recebidos na casa dos outros, como irão se comportar? A solução mais simples é instruir nossas crianças a consumir o que for servido, analisando, depois, as reações do seu organismo.

2. Podemos fazer ainda melhor, ensinando-as a rejeitar com habilidade e boas maneiras o que é inadequado para seu corpo. Dependendo da ocasião, poderão dizer: "Está muito bom, mas estou satisfeito", "Obrigado, ainda não terminei!", "Obrigado, estava tão bom que exagerei"... Quando a insistência for exagerada, vale a pena economizar tempo e palavras e ensinar a criança a ser objetiva: "Obrigado, não gosto!". Ou em outros casos, se o motivo de recusa for um preceito religioso: "Obrigado, fiz uma intenção, uma promessa!" Cada ambiente sociocultural exige do aprendiz da arte de conhecer a si mesmo e respeitar-se o conhecimento de outra arte, a de respeitar o próximo, que é a lei máxima da evolução.

Quando já podíamos
ser educados, e no entanto,
somos apenas informados
surgem graves dificuldades;
não apenas para o não
educado, mas para todos...

O ATO DE NOS ALIMENTARMOS SERVINDO-NOS DA REFEIÇÃO COMO UM INSTRUMENTO DE APERFEIÇOAMENTO ÉTICO-MORAL

Viver é amar

APRENDER A AMAR A SI MESMO

Dentre várias considerações, a atitude de amar implica respeito e cuidados: quem ama cuida. Quem ama respeita, cuida do objeto de seu amor.

> Para cuidar com eficiência, é preciso saber o que fazer e quando agir.

O modo desrespeitoso como, a maior parte do tempo, nos descuidamos do corpo, negligenciando suas exigências em favor das nossas preferências e prazeres que desejamos usufruir, muitas vezes se materializa na forma de doenças que podem encurtar a existência, o que não deixa de ser uma espécie de suicídio, ainda que indireto.

Quem tira ou encurta a própria existência dá prova clara de falta de amor para consigo mesmo. Um dos nossos mais repetidos gestos do cotidiano, levar comida à boca, é de suma importância, pois nutrir o corpo é um dos mais expressivos atos de amor para com nós mesmos. Amando-nos, estenderemos esse amor e cuidados aos outros. Apenas posso afirmar que amo minha pessoa quando cuido efetivamente de mim em corpo e espírito, como nos recomendou o apóstolo Paulo.

Considerações

Sentirmo-nos bem, vigorosos e dispostos ajuda-nos a ser felizes e amados. O adulto, mais consciente de si mesmo, é capaz de ajudar a criança a perceber que comer só por comer, ou somente para gratificar ao paladar, pode levar a uma agressão orgânica, a doenças e à desarmonia espiritual: cansaço, depressão, tristeza.

Muitos exercícios e atividades podem ser criados para valorizar a necessidade de cuidados conosco e a criatividade de cada um é que faz a diferença. Esse aprendizado deve ser estendido à criança, buscando-se adequar essa lição à sua faixa etária, às suas possibilidades de entendimento.

RESPEITAR-SE

Respeito é bom e eu gosto!

Respeitar a quem?

Gostamos de ser tratados com respeito, em todos os sentidos. Mas uma pergunta fica no ar: se não aprendemos ainda a respeitar a nós mesmos, como poderemos respeitar aos outros?

Quando se trata de respeito a nós mesmos, é preciso recordar que o organismo processa o alimento mas não faz as escolhas, essa é uma tarefa nossa, para a qual devemos dispor da inteligência, do raciocínio.

Para que a mente funcione com clareza, é preciso paz de espírito, calma, tempo certo e um organismo limpo, depurado.

Essa reflexão significa que precisamos respeitar o corpo, graças ao qual, na Terra, iremos vivenciar experiências que nos conduzirão, um dia, a mundos melhores. Não podemos desperdiçar essa oportunidade, descuidar do corpo e comprometer a experiência do presente.

Para desenvolver a inteligência crítica

1. Uma reclamação habitual das crianças é a "dor de barriga". A causa mais comum desse sintoma é a fermentação, causada por excesso de carboidratos e misturas inadequadas. É possível comprovar que, nessas condições, o intestino está avisando – por assim dizer – que foi desrespeitado por aquele que não soube escolher e ingerir alimentos adequados.

2. Nessas circunstâncias, pergunte à criança, durante o período que está sentindo dor, se é capaz de resolver um problema, de conversar com os amigos por intermédio da Internet, de fazer seus deveres escolares ou mesmo, numa loja de calçados, escolher o tênis que tanto deseja ganhar.

3. "É a primeira vez que sente dores como essa?", devemos perguntar. A criança deve ser questionada: em quantas ocasiões já enfrentou esse mesmo mal-estar? E o que fez para evitá-lo? Vale a pena questionar se ela quer tomar um analgésico ou é corajosa o bastante para suportar a dor, efeito de suas escolhas alimentares que se repetem sucessivamente?

COMEÇAR A CUIDAR DA PRÓPRIA VIDA

"Deus deu a vida para cada um aprender a cuidar dela."

Essa frase tão verdadeira, que por vezes lemos nos vidros traseiros dos veículos, infelizmente, ainda não se fixou em nosso subconsciente. É preciso levar essa sugestão adiante.

Há melhor oportunidade para ensinar nossos filhos a cuidarem de si mesmos do que no contexto da educação alimentar? Por que ainda nos irritam tanto quando se recusam a comer o que nos determinamos a servir? Para muitos pais, é difícil conter o impulso de enfiar a alimentação recusada pelos filhos goela abaixo.

Boa parte das crianças é capaz de identificar, bem cedo, o que é ou não adequado ao seu organismo, dispensando a intervenção do adulto: "Isto pode, isso não pode, aquilo outro só uma vez por semana"...

Considerações

Para exemplificar com maior convicção, basta apenas observar o comportamento das crianças excessivamente dependentes – em relação a outras da mesma faixa etária. Junto àquelas que não fazem nada sem ajuda, que choram quando as coisas não correm conforme seus desejos, sempre há alguém que lhes faz o prato na hora da refeição, que lhes dá comida na boca, que usa e abusa do "suborno" para que comam tudo rapidamente: "Coma tudo e vai ganhar um doce".

Uma atitude "amorosa" desse tipo, à primeira vista nos dá a impressão de ficar restrita apenas a essa instância, ao momento da refeição, mas traz sérios problemas para a criança no futuro. Muitas dessas crianças se transformam em adultos sem iniciativa e incapazes de tomar as decisões que se fazem necessárias.

Recomendamos muito cuidado aos avós, pois sem que se apercebam, por causa de seus cuidados excessivos, poderão prejudicar o desenvolvimento da iniciativa e da responsabilidade de seus amados netos.

APRENDER A RESPONSABILIZAR-SE

O adulto deve permitir aos pequenos praticar as lições de vida que lhes são verbalizadas...

Ao aprender a cuidar-se com relativa consciência e a respeitar o próprio corpo, a criança começa a dominar o conceito da Lei de Causa e Efeito.

Vivemos uma época na qual muitos adultos têm dificuldades em assumir as conseqüências de suas escolhas. A tendência dos pais de terceirizar a educação de seus filhos provavelmente agravará esse problema nos próximos anos.

O que causa espanto é que para transmitir essa valiosa lição de vida basta permitir que a criança vivencie sintomas inócuos como a coceira, a diarréia, a dor de barriga. Essas ocorrências não provocam reações exageradas ou mesmo corridas à farmácia. Devem ser entendidas como o resultado da forma da criança exercer o livre-arbítrio, por intermédio de sua alimentação. Esse é um aprendizado tão básico, tão ao nosso alcance, mas não fazemos uso dele: "Comeu demais? Misturou os alimentos? Alimentou-se fora de hora? Você está sentindo as conseqüências de tudo isso".

Para ensinar a criança a assumir a conseqüência de seus atos, ao invés de a colocarmos no papel de vítima ou transferirmos a culpa para outros, devemos conscientizá-las de que estão sofrendo porque erraram e que deverão evitar a repetição do erro para não sofrer as mesmas reações.

Considerações

Teoria e informação não praticadas são como o alimento que, por melhor e mais saboroso que seja, não vai para a mesa de refeições...

Além de não servir para muita coisa, a teoria sem a prática é ineficaz, incoerente. O ato de se alimentar ocorre todos os dias e é lógico que a criança deve ser alertada para os abusos e excessos que possa cometer. Mas só falar, ou apenas mostrar, não resolve. É preciso que ela sinta os efeitos de seus erros, que são a prova de que nosso alerta é verdadeiro. Camuflar as conseqüências da má alimentação da criança com antiácidos, analgésicos, é permitir que ela continue errando. Sem essa oportunidade de experimentar o mal-estar, todo o nosso discurso pode tornar-se, para a criança, sem nenhum sentido: "Posso comer o que quiser. Se fizer mal, o remédio vai me curar".

Esse raciocínio, consolidado na infância, permanece fixado na mente. Na fase adulta, é fácil identificar o reflexo desse condicionamento no modo de as pessoas se expressarem: "Bebi demais, preciso de um analgésico"; "Comi demais, vou tomar um antiácido" e assim por diante, até a exaustão dos órgãos...

CULTIVAR A LIBERDADE DE OPTAR

Sempre que fazemos uma escolha ficamos ligados aos seus efeitos. Há escolhas que libertam e outras que nos aprisionam.

Tudo aquilo que é feito sob pressão não dá bons resultados, não funciona de forma eficaz. Se não pensarmos bem antes de optar por alguma coisa, podemos ficar encurralados pelas conseqüências geradas por nossas escolhas.

Essa reflexão ajusta-se perfeitamente ao regime alimentar. Às vezes as conseqüências são graves, como certas doenças que nos obrigam a repensar nossas escolhas: "ou muda ou morre". Algumas pessoas se chocam quando o médico prescreve a obrigatoriedade de evitar, por completo, o consumo de açúcar, farináceos, gorduras, bebidas alcoólicas, refrigerantes... Perguntam, indignadas: "E o que vou comer?". Em casos como esse, o organismo está sinalizando que ultrapassou seus limites e seu funcionamento corre o risco de um colapso.

Educar a criança tem como princípio evitar que seja mais uma vítima do descontrole alimentar.

Alerta

A criança pode ser estimulada a repensar seus desejos e aversões a partir do tema dos alimentos. Quando fechamos as portas a novas opções em coisas tão simples quanto comer, estamos também restringindo muitas outras opções de acontecimentos em suas vidas.

Considerações

Quando escolhemos mal, os efeitos dessa escolha limitam o livre-arbítrio, até que haja a reparação ou harmonização.

1. A criança vai a uma festinha de aniversário no sábado e come várias coisas que lhe dão alergia e dor de barriga (e ela já havia sido alertada dessa possibilidade). No domingo, está impossibilitada de comparecer a outra festa, "a melhor do ano, onde

tudo do bom e do melhor será servido". O exagero da véspera a impede de vivenciar a alegria do presente.

2. Cabe ao adulto, quando possível, documentar situações como essa, usando a tecnologia: gravando, filmando, para, no momento certo, colocar a criança como espectadora de si mesma. Afinal, para que serve a moderna tecnologia?

DESENVOLVER A FLEXIBILIDADE

Viver bem é, acima de tudo, manter a mente aberta a novas experiências...

"Evite tais alimentos", diz o médico. "Mas então vou comer o quê? Não sobra nada!"

A simples necessidade de retirar alguns poucos alimentos da dieta torna-se um drama para os que não aprenderam a abrir-se a novas experiências. Essa costuma ser a resposta de pessoas inflexíveis e limitadas, a quem não foi ensinada na infância a atitude inteligente de sempre experimentar novas possibilidades.

A boa e inteligente vontade de aceitar mudanças e repensar escolhas inadequadas com certeza é fruto de eficiente aprendizagem.

Como os hábitos são atitudes automatizadas, quando restringimos nossa dieta a uns poucos alimentos e nos recusamos até a provar outros, criamos um sério problema evolutivo, até em outras áreas da nossa vida: nas relações afetivas, no trabalho e na vida social.

Considerações

No círculo de relação social ou na família, sempre é possível encontrar exemplos de pessoas teimosas e inflexíveis, cuja vida se torna complicada e às vezes sofrida exatamente por causa dessa característica da personalidade e até da maneira como seus hábitos alimentares foram formados na infância. São metódicas na dieta e intransigentes na mudança de hábitos; além disso, de modo geral, sofrem de artrite, artroses ou de limitações motoras pós-derrame cerebral.

Pedir que a criança observe como e o que essas pessoas costumam comer reforça, na prática, o que estamos buscando ensinar. Vale ressaltar: sempre que observarmos o comportamento dos outros, suas escolhas, para aprender com seus erros, não devemos emitir julgamentos nem criticar essas pessoas.

DISCIPLINAR-SE

As grandes e duradouras conquistas nunca abrem mão da disciplina...

Para nos realizarmos, é preciso conhecer, querer, desejar e trabalhar. Além disso, para atingirmos objetivos de forma mais simples e rápida, também precisamos ordenar as idéias, os recursos, o esforço de realização e, também, dispor de um método eficaz.

As pessoas que não aprenderam a disciplinar-se voluntariamente alcançam objetivos com grande dificuldade. Até a disciplina, porém, não funciona bem quando é imposta sem que se apresentem argumentos ou explicações que a justifiquem.

Os adultos devem mostrar e provar à criança a importância da disciplina para consigo mesma, mas de tal forma que ela "resolva" o que é saudável, aprenda a conquistar a saúde escolhendo o melhor. Isso não quer dizer que devemos deixar as crianças ao deus-dará, é claro que não! Ainda não são detentoras de uma maturidade psicológica que permita discernirem por si mesmas. Acompanhá-las de perto é nosso dever, mas motivá-las a entender e assumir a conseqüência de suas atitudes é nossa obrigação.

Na infância, a disciplina deve ser exercida pelas normas familiares: é importante que sejam simples, coerentes e assim respeitadas por todos.

A disciplina, longe de ser ditatorial, é muito importante, pois fica registrada nos arquivos do subconsciente do ser ainda na fase infantil. Se as normas impostas pela família não atendem ao bom senso, os danos causados por esse regime disciplinar se projetarão no futuro, causando danos àqueles que se submeteram a ele por imposição familiar.

Hoje, é preciso que os adultos não insistam em exercer domínio sobre a criança em situações que ela mesma já é capaz de assumir e controlar. Caso não receba permissão para assumir esse controle, a criança começa a desenvolver um padrão ferrenho de atitude contra a disciplina... Desse ponto em diante, passa a confundir disciplina com obrigações impostas pela força, constrangedoras e sem sentido.

Considerações

O ato de alimentar-se também ajuda a ensinar a necessidade da disciplina inteligente. Mas, para que funcione, é preciso que os adultos a exemplifiquem. Quando cometemos um abuso ou comemos o que nosso corpo não tolera, por exemplo, devemos verbalizar para a criança nosso deslize: "Olhe só, o que eu fiz! Não posso repetir o mesmo erro!", provando que é necessário e possível fazer mudanças.

Boa parte dos pequenos de hoje são crianças *índigo* – cujo comportamento a psicologia ainda não classificou – e que, por serem muito criativas e gostarem de resolver tudo à sua maneira, são consideradas injustamente "indisciplinadas de nascença". Aos berros, desejam mandar em todo mundo. Por exemplo: querem mamar a qualquer hora, no momento em que têm vontade... Como resolver essa parada? Simples: para essas crianças a disciplina de horários deve ser rígida até que seu subconsciente registre que ela não é a dona do mundo, que tudo tem sua hora, seu momento...

À medida que a criança vai adquirindo a capacidade de buscar alimentos sozinha, se o adulto não for capaz de criar condições para que a disciplina seja mantida, instala-se a falta de educação alimentar. O perigo é grande, pois adquirimos vícios com extrema facilidade.

Pode parecer estranho, mas a falta de disciplina e de educação alimentar vai refletir-se em outras atitudes da criança. Criança sem disciplina alimentar e que só come o que gosta também só vai querer fazer aquilo que lhe dá prazer e na hora em que desejar. Esse tipo de criança pode incorporar ao seu subconsciente que apenas tem direitos e não tem obrigações... Para elas, quem tem obrigações são sempre os outros e, de preferência, para com elas. Até que a disciplina se automatize no subconsciente da criança, uma forma muito simples de ajudá-la é manter fora do seu alcance alimentos que não devem ser ingeridos fora de hora.

EVITAR VÍCIOS

A dependência química e afetiva, de todos os tipos, comanda a vida psicológica de boa parte das pessoas. Mas, por trás dessa dependência, estará sempre a preguiça de pensar, de progredir...

Somos estimulados a buscar tudo o que nos dê prazer. É claro que o ato de nos alimentar deve ser alegre e prazeroso. Essa é uma das leis da vida. No entanto, há que considerar que existem prazeres e prazeres. Para que sejamos capazes de discernir entre os vários tipos, temos a aptidão para pensar, avaliar e escolher. Quem pensa pouco faz muita confusão entre quantidade e qualidade e, um belo dia, transforma prazeres em sofrimento. Para piorar as coisas, ainda temos tendência à compulsão e ao vício. A criança, de forma inconsciente, é iniciada pela família no primeiro e mais mortal de todos eles: a alimentação desviada de sua finalidade, isto é, nutrir o organismo.

A atitude social de recompensar a criança com guloseimas é muito forte.

Rapidamente, o ato de comer transforma-se em fonte de prazer. Por outro lado, as insatisfações naturais somadas às pequenas e grandes frustrações levam automática e inconscientemente o indivíduo a buscar se satisfazer com comida ou com estimulantes mais fortes e perigosos. Esse padrão de falta de educação alimentar inteligente impede a criança de ultrapassar a fase oral de sua maturidade psicológica. Isso pode durar a existência inteira; pior ainda: ir bem além. Essa nossa tendência criou um "prato cheio" para a mídia do consumo. Segundo ela, "é preciso comer e muito, quanto mais se come mais saúde se tem" etc. Esse "paradigma cultural" criou um bicho devastador e voraz da auto-estima e da saúde chamado obesidade.

Alerta

Não permitam à criança comer, desde bem pequena, além das suas necessidades e adquirir sobrepeso, pois depois não haverá receitas mágicas para resolver a situação.

A inteligência e a disciplina podem eliminar o consumismo desenfreado que causa a obesidade.

Um grande entrave para evitar que as crianças se alimentem além de suas necessidades, desenvolvendo a obesidade desde tenra idade, são os próprios adultos, pois a maioria de nós não tem o mínimo desejo de se reeducar, mesmo que sejamos obrigados a fazê-lo para fugir do sofrimento. Usamos aquele velho chavão da má vontade: "É tão difícil mudar os hábitos...".

COMPREENDER A LEI DE CAUSA E EFEITO

"Gosto daqueles que têm fome de aprender, dos que morrem de vontade, dos que ardem em desejos e compulsões, mas assumem com o mesmo prazer os efeitos de suas ânsias[4]."

Quando paramos para pensar um pouco só, nos espantamos ao constatar como uma lei tão básica, a Lei de Causa e Efeito, simples e fácil de ser percebida, pode ser tão ignorada. Qual seria o motivo? São muitos, mas entre os principais estão a recusa em assumirmos responsabilidades, bem como a manutenção do "pensamento mágico"[5], típico da infância, cultivado até às últimas conseqüências e a qualquer custo.

4. Assumir os efeitos das escolhas sem choro nem ranger de dentes é para os espíritos já fortes; se estão no caminho errado, não se escondem atrás de desculpas nem de justificativas como fazem os fracos e, quando menos se espera, estão "a mil por hora" no caminho do bem... (N.A.)

5. Na infância, o pensamento mágico faz crer em seres como bruxas e fadas, que nos resgatam definitivamente dos sofrimentos. Essa crença na fase adulta pode fazer esperar pela solução de problemas ou curas sem que haja necessidade do nosso empenho. (N.A.)

Boa parte da nossa conversa, quer queiramos quer não, sempre cai na compreensão adequada dessa lei, pois, se não a compreendemos, somos incapazes de progredir em maturidade psicológica.

Como já dissemos muitas vezes anteriormente, usar a comida como recurso pedagógico assusta de tão simples que é. Basta copiar a natureza, que tudo permite ao homem, como disse o apóstolo Paulo de Tarso: "Tudo te é permitido; mas nem tudo te convém". Nenhum tipo de alimento ou quantidade deve ser proibido à criança, da mesma forma deve-se permitir que ela sinta mal-estar e dor para que aprenda a discernir antes de escolher.

Considerações

É preciso alertar a criança: tudo que se planta será colhido um dia. Como exemplo, semearemos num canteiro ou num vaso um vegetal que germine e dê frutos rapidamente, mostrando a ela o que foi dito. Se não gostarmos do que foi colhido, sempre poderemos preparar novamente o terreno e semear de novo.

Essa analogia deve ser trazida para a vida, usando-se como exemplo as escolhas da dieta e da forma de viver, relacionando-as com as doenças.

Não custa nada ir mostrando, às crianças, as pessoas de mais idade, com seus problemas e doenças que são a colheita de seus atos. Agir dessa forma é aprender sem necessidade de viver a mesma situação. Não é nenhum tipo de julgamento ou de maledicência mostrar à criança essa lei da vida cujos efeitos estão estampados na vivência do pai, da mãe, do tio, da tia, do avô, da avó... Provar a ela que os remédios que os familiares tomam apenas atenuam os efeitos das doenças, não removem as causas. Tomar remédio para o resto da vida não é cura, é paliativo. Isso tem sentido? Perguntem às crianças e surpreendam-se com as respostas.

DESENVOLVER A HONESTIDADE ÍNTIMA

Perdoa, Pai, não faço mais...
Queria tanto deixar de fazer isso, mas não consigo!

Nossa falta de maturidade psicológica faz com que tenhamos uma forte tendência para sermos pouco responsáveis, quase desonestos, quanto aos nossos desejos e atitudes. Vivemos nos desculpando, por vezes pedindo perdão a Deus por nossos atos impensados, dos quais nos arrependemos "profundamente" para pouco depois incidir nos mesmos erros.

A falta de sinceridade começa em nossa própria intimidade, na maneira como nos relacionamos com as leis da vida, visto que aquele que não se responsabiliza pelas conseqüências dos próprios erros, resignando-se diante da dor, desacata a Lei de Causa e Efeito. Quem culpa o acaso, outras pessoas ou mesmo a Deus por suas dificuldades e sofrimentos não é uma pessoa confiável.

É na infância que está a maior oportunidade para educarmos o espírito para entender a Lei de Ação e Reação: "Faço o bem, recebo o bem, estou bem. Faço o mal, recebo o mal, passo mal". A alimentação ajuda a ilustrar essa Lei Divina de forma bem clara. "Como esse alimento, me sinto bem. Aquele outro é gostoso, mas me faz mal, me dá dor de barriga". Esse aprendizado vai se projetar, aos poucos, para as escolhas morais que, na idade adulta, nos aproximam da felicidade ou nos afastam dela...

Considerações

Devemos aprender, para depois ensinar à criança, a não confundir uma dor de cabeça, causada pela alimentação, com uma doença. Além disso, é possível mostrar que nessas condições tomar um analgésico é ser desonesto consigo mesmo. Já sabíamos e nosso corpo tentou nos avisar, no entanto repetimos o mesmo erro...

Nessa mesma linha de raciocínio podemos instruir a criança que não existimos para sofrer e que a natureza oferece condições para que as mudanças no padrão das escolhas sejam feitas sem sofrimento, mas que, ao contrário, persistir no abuso acarreta problemas mais sérios no futuro.

Num belo e breve dia,
os remédios não fazem mais efeito.

A constatação cada vez mais evidente, de que o tempo parece a cada dia mais acelerado, pois nem o vemos passar, também serve para mostrar a necessidade de perseverar no autodesenvolvimento, pois as mudanças no padrão de atitudes não acontecem sem o nosso esforço. Essa experiência vai se repetir muitas outras vezes, e a cada vez a pessoa será capaz de ficar mais tempo sem o remédio, agüentando os efeitos até que consiga eliminar da dieta os alimentos causadores da sua dor de cabeça.

ENTENDER A IMPORTÂNCIA DO TRABALHO

Logo, todos saberão que não
há felicidade nem progresso sem esforço,
sem realização pessoal...

Em pouco tempo será impossível deixar de compreender realmente essa verdade da vida: nada se consegue sem esforço. Sorte, ou falta de sorte, destino, milagres, são crenças infantis da humanidade. Daqui em diante, quem almejar a felicidade e não exercitar seus talentos pessoais (inteligência, conhecimento e vontade) corre o risco de se tornar prisioneiro da angústia e do sofrimento por muito tempo.

Considerações

De novo um recado importante: a mastigação é um recurso pedagógico fabuloso para que se mostre à criança a necessidade do trabalho que cada tarefa exige. Mastigar é uma tarefa que devemos executar com muita dedicação. A criança deve ser informada de que devemos mastigar o alimento no mínimo de 25 a 30 vezes, pois o estômago não tem dentes, precisa receber o alimento convertido no bolo alimentar. Pediremos a ela que observe suas sensações durante a digestão: quando mastiga corretamente e quando, por qualquer razão ou por esquecimento, não mastiga direito, "engole" a comida.

As conseqüências da mastigação incorreta devem ser transmitidas à criança: engasgo, dor de estômago, dentição fraca, obesidade etc.

APRENDER O VALOR DAS COISAS

É Lei: tudo na vida tem um custo, um preço...

Vivemos num tipo de sociedade onde tudo é produzido para ser comprado e vendido. A lei de mercado é uma lei, corrompida pelo egoísmo e pelo orgulho.

As crianças devem ser informadas de que tudo nos é possível, mas há um preço a pagar, há o custo: a capacidade de discernir é que nos prova se vale a pena ou não. Além disso, é claro que tudo tem o momento certo para acontecer.

Considerações

Aos poucos a criança deve participar da compra dos alimentos que serão consumidos no lar para aprender quanto as coisas custam e quanto cada uma delas representa em termos de horas de trabalho e esforço.

Quantas horas de trabalho custou aquela compra?

A quanto tempo de horas-trabalho dos familiares corresponde aquela guloseima?

Quem conhece o custo de cada coisa aprende a dar-lhe o devido valor, nem mais nem menos. O desperdício diminui e os excessos também.

Nem sempre os alimentos mais caros são mais saudáveis.

DESCOBRIR O MOMENTO CERTO DE AGIR

Ontem é um tempo que não existe mais.
Amanhã é um tempo que não existe ainda.
Nem antes nem depois... Tudo tem o seu momento certo. Hoje, este momento, já...

As coisas cultuadas ou cultivadas fora de época tornam-se um problema. Como exemplo, podemos usar as fábulas e as histórias que tão bem estimularam a criatividade das crianças de outras épocas. Muitas delas hoje são inconvenientes, pois conservam a cultura da magia, tão danosa à vida das pessoas. O pobre argumento de que as fantasias da vida de criança devem ser preservadas ao máximo gera uma legião de adultos com pouca competência e frustrados.

Quando a tecnologia e a pressa não interferiam tanto em nossas vidas, a relação com o meio ambiente era mais simples, pois não havia dificuldade para discernir entre uma coisa e outra; não era preciso pensar tanto para escolher. Na época da manga nosso corpo esperava manga, na época da alface ele a aguardava, na época da melancia consumíamos melancia, tudo funcionava como um relógio. Hoje as dificuldades são muitas, pois a tecnologia faz com que alguns alimentos sejam produzidos o ano inteiro ou fora da época de sua colheita, o que pode trazer dificuldades de escolha para algumas pessoas.

Considerações

O corpo, quando estamos integrados ao meio ambiente, recebe cada alimento na sua época. Uma maneira de comprar os alimentos da época é escolhendo, no mercado ou nas feiras, os produtos mais baratos. Salvo algum problema de estrago ou de má conservação, os alimentos de menor custo foram aqueles colhidos na época certa ou no auge da safra.

DESENVOLVER VIRTUDES

Guerrear contra nossos defeitos, vícios, desejos não contidos e compulsões exige um esforço doloroso. É forma de progredir, mas existe outra melhor, pois estamos destinados à felicidade e à perfeição por vontade própria e com alegria, no nosso tempo e do nosso jeito.

Uma das principais tarefas é desenvolver nossa capacidade criativa e colocá-la a serviço da lei maior, que é a lei de amor.

Sairemos desta existência mais aperfeiçoados se, por livre e espontânea vontade, entendermos que a dor e o sofrimento nos ajudam a evoluir. O ato de nos alimentarmos é uma oportunidade inestimável de progresso: aprendemos, na maior parte das vezes, com o auxílio da dor, que nos alimentamos para viver, não vivemos para nos deliciar com os alimentos.

Considerações

Algumas virtudes podem ser estimuladas e desenvolvidas durante as refeições:

Paciência – aguardar nossa vez com calma, mastigar corretamente os alimentos;

Respeito – consumir apenas o necessário, respeitar o organismo. Esperar que os outros sirvam-se em primeiro lugar;

Humildade, gratidão, consideração – agradecer a Deus pela refeição. Elogiar o esmero com que o alimento foi preparado. Se for o caso, agradecer a quem nos convidou para a refeição;

Solicitude, humildade – servir aos outros, facilitar para que as pessoas sentem-se à mesa ou levantem-se;

Humildade, calma, paciência – procurar sempre ser o último a sentar-se à mesa e servir-se dos alimentos;

Caridade, respeito, sobriedade – evitar julgar aquele que comete algum deslize à mesa, não tecer críticas ao que foi servido, vigiar o teor de suas palavras para que a maledicência não contamine os alimentos;

Sobriedade – não encher o prato, levar o alimento à boca em pequenos bocados, evitar ruídos ao beber e não bater com os talheres no prato;

Parcimônia – comer o suficiente; servir-se sempre pensando primeiro nos outros;

Frugalidade – comer apenas o indispensável. Economizar nos temperos;

Perseverança – evitar alimentos que levem ao vício e à compulsão: alimentar-se de acordo com suas necessidades.

Firmeza de caráter – recusar os alimentos indesejáveis ao seu organismo com delicadeza e sem maiores comentários;

Modéstia, simplicidade – à mesa, evitar gestos teatrais ou etiquetas descabidas. Quando aprendemos a sentir o gosto e o odor de cada ingrediente não inventamos misturas que não combinam.

Faço porque quero,
Mudo porque desejo,
Ninguém me obriga,
Exceto a Lei de Ação e Reação...

A DIETA: AJUDAR A CRIANÇA A DESENVOLVER UM ADEQUADO PADRÃO DE MATURIDADE SOCIAL PODE LEVÁ-LA A DESCOBRIR QUE...

...vivemos em sociedade

DEVEMOS RESPEITO AO PRÓXIMO

"Fazer aos outros apenas o que gostarias que te fizessem." (Jesus)

Comemos muitas vezes mais do que necessitamos. À medida que a criança aprende a comer apenas o necessário e evita o desperdício, iniciou-se no respeito ao próximo e na caridade, sentimento divino por excelência.

Comer muito além das reais necessidades: de quem é a responsabilidade por esse desatino? Geração após geração, nossos hábitos alimentares são aprendidos por transferência: de pais para filhos. Por indução ao consumo, os "formadores de opinião" criaram uma armadilha: "Quanto mais nos alimentarmos, mas saudáveis seremos".

Considerações

Vamos pedir à criança que preste atenção ao aviso biológico da saciedade – a hora certa de parar de alimentar-se, ao sentir-se satisfeita – e tentar respeitar esse limite. Muitas vezes desarranjamos esse mecanismo: sentimos claramente que era hora de parar de comer, mas estava tão gostoso que repetimos o prato e comemos além da conta... Uma experiência interessante é pedir que a criança observe em festas e restaurantes pessoas que desabotoam a roupa, suam em bica, mas continuam comendo...

Peça a opinião da criança sobre o comportamento desses glutões, evitando incentivar críticas ou julgamentos: cada um é responsável por seus atos. Podemos aprender com os erros alheios, mas não devemos diminuir ou ridicularizar quem quer que seja: a criança precisa ouvir essa recomendação.

PODEMOS USAR A DIETA PARA AJUDAR A RESOLVER O PROBLEMA DA FOME

"Dai o pão a quem tem fome." (Jesus)

A criança precisa saber que o motivo pelo qual milhões de pessoas passam fome e até morrem por causa disso não é apenas a insuficiência de alimentos. A maior causa dessa ocorrência deve-se à falta de educação espiritual: prepotência, avareza, egoísmo, orgulho etc.

Considerações

A criança deve ser incentivada a fazer sua parte: comer apenas o necessário, não desperdiçar nem jogar fora os alimentos. Esse comedimento – além de mostrar que ela pode tornar-se um adulto de bom caráter, um cidadão consciente de seus deveres – é, acima de tudo, uma obrigação. Deve ser educada para sugerir, de forma fraterna, a mesma atitude a outras pessoas: aos familiares, colegas de estudo, amigos...

É PRECISO EXTRAPOLAR OS LIMITES DAS OBRIGAÇÕES

Cumprir as obrigações pessoais e sociais não basta: é preciso ir além. Devemos motivar outras pessoas a serem responsáveis e solidárias.

A criança hoje tem necessidade do empenho dos adultos para aprender a servir ao próximo, para desenvolver sua capacidade de amar e de respeitar as pessoas. Mais eficiente que as palavras, o exemplo dos adultos é essencial para que a criança aprenda a praticar a caridade, iniciando esse aprendizado pelo respeito a si mesma, ao seu corpo, às necessidades do seu organismo. O pleno desenvolvimento da capacidade de amar a si mesma é que permite à criança passar a respeitar o próximo e as suas necessidades.

Considerações

Comer apenas o necessário
para ganhar saúde e disposição
é amar a si mesmo.

Quando cuidarmos de nós mesmos, aprenderemos a respeitar nosso corpo, estaremos aptos a fazer o mesmo com as outras pessoas.

A criança deve perceber, o mais breve possível, que para viver ninguém deve depender de esmolas, muito menos dos restos de comida de outras pessoas. Quando for necessário, deveremos aprender a compartilhar nosso alimento com aqueles que não o têm e não oferecer apenas o que sobrou da nossa refeição, o excesso que não conseguimos ingerir... Para ensiná-la, não é preciso ir até os desamparados que vivem nas ruas. Bastará apenas que a criança seja estimulada a dividir o alimento de que dispõe com aquele que está ao seu lado, em casa, na escola, na rua...

É comum depararmos com crianças, nos faróis e nas esquinas, pedindo esmolas. Se dispomos de condução própria, vale a pena carregar alimentos no carro para que nossos filhos, quando estiverem conosco, entreguem aos pedintes. Dar dinheiro nem sempre é uma boa opção, pois nessas condições é notória a exploração de crianças por adultos. Se oferecermos alimento, estaremos educando nossos filhos a exercitarem a caridade e, ao mesmo tempo, alegrando e alimentando uma criança carente.

DEVEMOS COMPARTILHAR O BEM-ESTAR PSICOLÓGICO

Como podemos ser felizes entre depressivos, angustiados, agressivos, rebeldes e sofredores?

Ao prestar atenção nas dificuldades do próximo, passamos a entender e respeitar suas necessidades e assim nos motivamos a contribuir para ajudá-lo a superá-las. Agindo assim, conquistamos o bem-estar espiritual. Poucos são aqueles que possuem essa riqueza de valor inestimável que é sentir-se em paz consigo mesmo. Essa paz representa saúde física e emocional. Aqueles que alcançam essa conquista logo percebem que estar bem não basta. Sentem a necessidade de estender essa paz aos amigos, familiares e a todos aqueles a quem estimam. A fase inicial desse processo exige "soberania emocional", ou seja, ajudar ao próximo sem renunciarao seu bem-estar, sem "comprar" o sofrimento de outras pessoas e carregá-lo para casa. Devemos ajudar os outros sem perder o equilíbrio emocional: esse é um desafio a ser vencido.

Considerações

Quem já sabe deve ajudar a divulgar que enquanto alguns alimentos curam, outros podem causar doenças, dentre as quais a depressão, a angústia e o pânico, a doença de Parkinson, o mal de Alzheimer. Boa parte de nós imagina que esses distúrbios aparecem apenas por tendência genética, por causa de distúrbios psicológicos ou mesmo grandes sofrimentos. Nem imaginamos ou desejamos imaginar que, nesses casos, a dieta tem um papel muito importante. Esse é um tema relevante, pois o número das pessoas que entra em pânico ou em depressão aumenta a olhos vistos. É impressionante como tais problemas acometem as pessoas cada dia mais cedo. Por exemplo: o consumo de carne, principalmente a bovina, estimula a depressão. O consumo de alimentos ricos em ômega 3 e 6 a previnem. Colas e cafeína ajudam a incrementar o pânico, enquanto verduras, legumes e frutas previnem esse mal. Vale a pena conhecer e aplicar o uso de alimentos funcionais[6].

A DIETA PODE AJUDAR NA EDUCAÇÃO AMBIENTAL

Uma das práticas que se materializaram em nossos dias são as drásticas interferências no meio ambiente que desrespeitam as leis da natureza, envenenam o meio ambiente com agrotóxicos, arrasam até a vegetação ao lado das nascentes. Por ganância, o excedente de uma produção agrícola pode ser queimado para

6. O livro já citado, *Se o meu médico diz que estou bem... por que me sinto tão mal?*, da Butterfly Editora, fala de alimentação não apenas sob a ótica da medicina ayurvédica e chinesa, mas também da medicina funcional. (N. E.)

aumento de preços, ou, por outro lado, um produto que estimula o vício ser produzido...

Ao conhecer suas necessidades alimentares, a criança pode tornar-se capaz de identificar os estragos que algumas culturas podem ocasionar, destruindo hábitats de variadas espécies, poluindo, criando desertos, mudando o microclima das regiões. Não é difícil identificá-las, basta observar, ler, criticar, participar, engajar-se.

É urgente ensinar à criança que não existem espécies de seres vivos mais ou menos importantes: todos têm sua importante finalidade de existir, todas as espécies devem ser preservadas. Nossos maiores inimigos não são as outras espécies nem os desastres naturais, mas sim as pessoas gananciosas. Quem diz amar seus filhos ou netos deve rapidamente engajar-se e engajar a criança na luta pela preservação das espécies e do próprio meio ambiente: dependemos dele para viver...

Considerações

Como fazer? A conscientização coletiva da necessidade de preservar o meio ambiente pode ser feita a partir dos alimentos. É preciso que a criança conheça a origem dos alimentos que consome: como são produzidos, armazenados e distribuídos e quem lucra com isso. Além disso, a criança pode aprender a evitar os alimentos que são produzidos de forma degradante ao ambiente e estimular seus amigos a fazer o mesmo. Essa atitude pode incrementar de forma poderosa o exercício da cidadania.

OS HÁBITOS DE DIETA PODEM AJUDAR A COMPREENDER QUE NEM TUDO É RENOVÁVEL

Estragar é relativamente fácil,
basta uma fração de segundos.
Corrigir estragos pode levar um tempo
que não sabemos ainda medir.

Embora a reciclagem seja uma lei da natureza, devemos estar alertas para não transformar o planeta num lixão. O uso desnecessário de descartáveis é um erro fatal que já está causando graves efeitos, prejudicando as próximas gerações. Sendo assim, "abaixo" as embalagens descartáveis que não sejam absolutamente necessárias! Nossas crianças devem ser orientadas a consumir apenas o que for renovável.

Considerações

"Herdareis a Terra." (Jesus)

Que tal desafiarmos o bom senso das crianças lançando esta questão: e se retornarmos numa próxima encarnação? Quem herdará a sujeira e a destruição a que estamos submetendo o planeta? Serão apenas os egoístas e gananciosos que promovem a destruição ou também os folgados que a tudo assistem de braços cruzados?

A DIETA MOSTRA O VALOR DO CONHECIMENTO

O pão nosso de cada dia nos dai hoje, Pai...

Nem só de pão vive o ser humano. A geração "sanduíche" deve ser ajudada a compreender que nosso organismo nutre-se de muitas coisas que nem sequer imaginamos.

O saber, o conhecimento, é um dos alimentos do espírito por excelência. No entanto, há conhecimentos e saberes, assim como há alimentos e guloseimas. É imprescindível aprender a separar o que é saudável do que é apenas prático ou gostoso apenas por breves e rápidos instantes, em seguida transformando-se em dor e sofrimento ou em problemas pessoais e coletivos.

Considerações

A dieta pode oferecer recursos pedagógicos para estimular a cooperação e não a competição. A começar pelo lanche da escola. A criança pode aprender a dividir e a trocar o lanche com seus amigos, quando o interesse for comum: todos sairão lucrando, tanto quem dá quanto quem recebe.

A FORMAÇÃO DOS HÁBITOS ALIMENTARES AJUDA A POLITIZAR

Produzir apenas para gerar renda e impostos
é uma atitude pouco responsável.

Educar a criança no reconhecimento de seus direitos e deveres segundo os princípios de ética poderá ajudá-la a tornar-se capacitada a boicotar, um dia, os alimentos que representam perigo para a sua vida, a dos outros e comprometem o meio ambiente. Preparada, agirá com inteligência, participando suas descobertas a outras pessoas. Será um cidadão consciente exigirá seus direitos e cumprirá suas obrigações. Como? Sairá às ruas "batendo panela" se for preciso, para acordar os políticos e a sociedade para a realidade dos fatos. Exigirá que promessas sejam cumpridas, que os incompetentes demitam-se ou sejam demitidos. Isso é exercer a cidadania, fazer política sadia. Apenas escolher um candidato não basta, votar apenas não é o suficiente.

É necessário não só cumprir com nossas obrigações, mas também cobrar, cobrar sem descanso, àqueles a quem delegamos a responsabilidade de gerir o Estado, o cumprimento de seus deveres.

Considerações

1. Devemos destacar, na mídia, notícias relativas ao meio ambiente e levá-las ao conhecimento das crianças, explicando o que está ocorrendo com o planeta e qual deve ser nossa atitude diante de tudo isso.

2. Muitas crianças possuem uma capacidade de discernimento acima da média e convivem com filhos de pessoas influentes desligados dessa realidade ou, muitas vezes, coniventes com ela.

Não se trata de pressioná-los por intermédio de nossos filhos, mas que tal estimulá-los a conversar com esses colegas, amigos, sobre o perigo a que está sendo submetido o meio ambiente? Quem sabe, motivados por essa saudável influência, eles sensibilizem seus pais?

3. Devemos informar a criança de que existem leis que protegem o consumidor, que existe um código para assegurar os seus direitos.

É PRECISO FORMAR CONSUMIDORES MAIS EXIGENTES

Nosso corpo não é depósito de lixo...

Na defesa de nossa saúde, não basta apenas observar o prazo de validade dos alimentos. A criança deve ser estimulada a saber com certeza e clareza o que está consumindo. Deve conhecer os produtos que podem causar prejuízos ao seu organismo e aprender a perguntar, por exemplo: "No cultivo desse alimento foi utilizado defensivo agrícola?". Apenas para ilustrar: no cultivo da cana-de-açúcar e da soja, são usados herbicidas que matam plantas com até um metro de raiz, bem como inseticidas que eliminam qualquer espécime vivo por até seis meses. Ora, tudo isso vai para o produto final! No caso do açúcar, sabe-se também que algumas usinas brasileiras nos últimos anos só conseguem exportar o produto para ser usado em asfalto e concreto lá fora... E aqui?

Considerações

A criança deve pesquisar na Internet, na biblioteca e na escola, quais os produtos usados na produção dos alimentos orgânicos e industrializados.

No cultivo de alimentos, por exemplo, quais são os defensivos agrícolas empregados e os danos que podem provocar? Na produção de alimentos industrializados, identificar os aditivos químicos, como corantes, conservantes, emulsificantes, espessantes e os possíveis danos que causam ao corpo, como alergias e câncer. As embalagens plásticas, por exemplo, liberam a médio prazo grandes quantidades de dioxina (substância comprovadamente cancerígena), capaz de induzir a tumores desde que outras condições (tendências genéticas, desordens de personalidade, como mágoa, ressentimento) estejam presentes. Pais e professores deveriam discutir isso na vida em família e na escola. A criança também deve saber o que representam os códigos especificados nas embalagens dos produtos que consome (estabilizante F5, edulcorante H9 etc.). Deve aprender de que maneira cada um desses produtos pode preservar ou prejudicar a saúde.

DEVEMOS RECICLAR CONCEITOS DE LIMPEZA E DE MICROBIOLOGIA

"Filho, lave as mãos antes de comer!"
"Mãe, troque a tábua de cortar carne, pois ela virou um criadouro de germes!"

"Isso leva a determinada doença! Aquilo pode causar problemas! É preciso higienizar!" Mas o que é higiene? Serve apenas para evitar contaminação? Para eliminar as sujeiras visíveis? Lavar, lavar, lavar... Será que isso é suficiente? Lavar as mãos antes de comer; lavar bem os utensílios; lavar e desinfetar verduras e legumes... Esses são cuidados antigos e cada vez mais primários em nossos hábitos de higiene. A preocupação com os riscos de contaminação são cada vez maiores, mais perigosos, e aumentam a cada dia, exigindo muita atenção, observação da nossa parte. Para entender o que está acontecendo, devemos recorrer a fontes confiáveis, pessoas que realmente estejam preocupadas com a ecologia, com o bem-estar coletivo.

Considerações

Novas recomendações da vigilância sanitária, pessoal e coletiva, surgem a cada dia. Analisemos algumas delas:

➔ Observar o prazo de validade dos alimentos é essencial;

➔ Conhecer e identificar os "defensivos agrícolas" usados na lavoura pode representar saúde ou doença. Seu uso exagerado e mesmo a aplicação dos não permitidos devem ser denunciados;

➔ A contaminação química (aditivos usados na produção dos alimentos industrializados) representa grande perigo pelo seu consumo continuado;

→ O envenenamento por substâncias liberadas por utensílios usados no preparo dos alimentos. O mais conhecido deles é a intoxicação pelo alumínio que, a longo prazo, produz doenças. O teflon e o plástico, materiais usados na confecção de recipientes, de embalagens, são também muito perigosos para a saúde;

→ Resíduos dos produtos de limpeza que ficam nos utensílios domésticos são um problema muito sério. Então: lave, lave, lave. Mas... e quando a água acabar? A água também está ficando cada vez mais comprometida por tudo aquilo que despejamos nos rios, nas represas...

Alerta

Lógico que a criança deve ser orientada quanto à contaminação dos alimentos, por bactérias, fungos, toxinas, parasitas e possíveis doenças, mas não podemos deixar de alertá-la quanto aos perigos representados pela poluição que o homem está causando.

Na sociedade do futuro espera-se que os conceitos de saneamento extrapolem os conceitos atuais, em todos os sentidos, até na parte da ética e da moral:

→ Não basta lavar, desinfetar ambientes físicos, é preciso urgentemente "desinfetar" a mente, o coração;

→ Cada pensamento e sentimento afeta intensamente e de um modo real a qualidade de nossas vidas;

→ Portar-se de forma ética é a melhor das prevenções contra toda doença física, emocional e moral;

→ O *Evangelho* conhecido e praticado é um excelente recurso contra qualquer tipo de infecção do corpo e da alma.

PERCEBER A INTERDEPENDÊNCIA HUMANA TRAZ A PAZ

Eu sou eu, você é você. Mas dependo de você e você precisa de mim.

O estudo da origem dos alimentos que constam de suas refeições ajudará a criança a compreender que sua relação com outras pessoas é de interdependência – ela não depende dos outros apenas, os outros também dependem dela. No que diz respeito aos alimentos, existe entre o produtor, o vendedor e o consumidor uma relação na qual todos dependem uns dos outros. O alimento pode servir como instrumento para que todos se esforcem no sentido de melhorar a qualidade das relações humanas por intermédio da boa qualidade do alimento.

Considerações

Em que condições vivem as pessoas que produzem os alimentos que a criança costuma comer? Informada, ela pode usar sua dieta para direcionar melhor os recursos. Adiante, mais conscientizada, ela pode optar por consumir alguns alimentos que sejam adequados para si e que sejam produzidos em regiões mais carentes de recursos, ajudando, dessa forma, os produtores.

OS HÁBITOS DE ALIMENTAÇÃO PODEM FORMAR PESSOAS MAIS CONSCIENTES E MAIS EXIGENTES

Agrade as pessoas,
mas o faça com inteligência.
Agradar é ajudar, chamar o
outro à responsabilidade...

Ao perceber que sempre dependemos uns dos outros, a criança torna-se mais cooperativa e aprende a cobrar, com inteligência e cortesia, que outras pessoas também cumpram com seu papel, melhorem cada vez mais a qualidade de seus produtos e dos serviços prestados.

É preciso ajudar a criança a se tornar um consumidor exigente de qualidade e de respeito aos seus direitos, sempre respeitando os outros em contrapartida.

A DIETA PODE AJUDAR O CIDADÃO NA BUSCA DOS SEUS DIREITOS

"Bem-aventurados os que sofrem perseguição,
pelo amor à justiça." (Jesus)

Para que uma nação viva em paz e harmonia é preciso que todos conheçam a constituição do país. Saber se o preço anunciado é o que está efetivamente sendo pago; se a quantidade indicada é a que realmente o produto contém. Exigir que o combinado seja cumprido. A criança educada num ambiente onde se pratica a justiça não aceitará diferenças na aplicação das leis. Tudo que é legal deve ser também ético.

Considerações

Quando vamos às compras, devemos exemplificar nossos ensinamentos: comparar os preços, conferir os produtos, exigir asseio e qualidade, repreender os infratores. A criança se sentirá importante a nos ajudar nessa tarefa, estimulada a contribuir para que tudo funcione em conformidade com a lei que protege o consumidor. A sociedade do futuro antecipadamente agradece...

É PRECISO COBRAR MAIS ÉTICA DA MÍDIA

As crianças do futuro serão as que estarão imunes à ação repetitiva da mídia...

A criança é a maior vítima da mídia, por intermédio da qual os fabricantes de alimentos tentam seduzi-la de todas as formas para pedir a seus pais que comprem quinquilharias. Os sedutores são profissionais especialistas em convencer as crianças – não por maldade proposital, mas por descuido ético – estimulando-as a consumir produtos inúteis para sua saúde e bem-estar. Assim, muitas vezes colaboram para que elas adoeçam ou tornem-se obesas.

Cabe a quem já despertou para essa realidade ajudar as crianças a separar o joio do trigo...

Considerações

Quando a criança sentir-se enganada ou lesada deve ser estimulada pelos pais e educadores a escrever e manifestar-se.

OS HÁBITOS DE ALIMENTAÇÃO DEVEM AJUDAR A DESCOBRIR O PREÇO REAL DAS ESCOLHAS...

"Compre três e pague dois...
Pague 200ml e ganhe 300ml de brinde...
Compra três, paga dois, leva um..."

O entendimento do valor da relação custo/benefício de qualquer transação deve ir além da simples identificação do que é mais barato e de suas vantagens imediatas. A criança deve aprender a analisar os benefícios e os prejuízos de médio e longo prazo de qualquer coisa que compre. Os descontos e as promoções, que induzem ao consumo tão ao gosto da sociedade americana, criaram uma legião de obesos e diabéticos. Os apelos para comprar mais são atraentes e perigosos para aqueles que não desenvolveram de forma adequada a capacidade de pensar e de discernir. Pior ainda quando são estimulados, por essa cultura consumista, a acreditar que devem levar vantagem em tudo, recorrendo a qualquer expediente para alcançar essa supremacia.

Considerações

Conhecedora da Lei de Causa e Efeito, a criança deve ser alertada para a seguinte realidade: em muitos momentos estará na posição de compradora, mas, em outros, poderá estar na condição de vendedora de algum produto ou serviço. Portanto, deve estar bem atenta para não iludir de forma alguma as outras pessoas, pois o "troco" dado pela vida chega algum dia. O adulto atento pode mostrar à criança seus deslizes tanto quando está numa ponta (é o vendedor) quanto na outra (é o consumidor).

NÃO DEVEMOS CONFIAR DE IMEDIATO EM TUDO O QUE É DIVULGADO NA MÍDIA

"Isto serve para aquilo. Aquilo outro faz mal, mas esse serve bem para aliviar o efeito colateral do primeiro..."

No futuro, as descobertas científicas do presente serão provavelmente consolidadas e se converterão em recursos acessíveis para todos. Mas o que hoje é o melhor de que podemos dispor amanhã poderá estar obsoleto ou mesmo condenado por seus efeitos colaterais. Aderir a modismos, desse modo, poderá causar efeitos danosos à saúde e à qualidade de vida que nem sempre podem ser removidos facilmente.

A criança também deve ser alertada para esse problema sério: nem todas as descobertas com potencial de cura ou de ajuda científica apresentadas pela mídia de forma sensacionalista são confiáveis e recomendadas a todos, sem distinção. É conveniente pensar bem antes de consumi-las e criar sérios problemas para o organismo. Se nos descuidarmos poderemos pagar muito caro – os novos produtos costumam custar muito caro – e ainda servir de cobaias...

Considerações

Não aventurar-se em ser um dos primeiros a experimentar as novidades da modernidade é uma atitude muito inteligente. Não custa nada alertar a criança para que tenha a paciência de esperar que os mais afoitos sirvam de cobaias. Aprender com o descuido dos outros é uma lição de sabedoria.

A DIETA PODE AJUDAR A FORMAR CIDADÃOS MAIS EDUCADOS E CORTESES

"Por favor! Obrigado!
Tenha a bondade, você primeiro!"
Estas são palavras que abrem as portas da boa vontade, que amolecem corações endurecidos, que tornam nossa vida mais gostosa e feliz...
"Respeito é bom e eu gosto!"

Todos desejamos ser respeitados. É necessário mostrar às crianças que certas palavras e gestos são ferramentas muito eficientes para abrir as portas à boa vontade alheia.

A postura da criança à mesa pode ajudá-la a aprender a esperar que os outros se sirvam. A evitar passar vergonha pelo egoísmo e pela gula, não permitir que os olhos sejam maiores do que a boca. Não derramar comida nem líquidos.

A criança deve ser estimulada a manifestar seu desagrado quando as outras agirem como gulosas ou desperdiçarem os alimentos; a agir sempre com lealdade e discrição para não ser vista como desmancha-prazer, companhia inconveniente... Tornar-se consciente não é sinônimo de pessoa chata.

Considerações

As oportunidades de ajudar a corrigir os outros são muitas. O guloso e mal-educado costuma:

➔ Empurrar ou esbarrar nas outras pessoas na pressa de se servir;

➔ Derrubar comida fora do prato;

➔ Formar “montanhas” de comida, que vai sobrar;

➔ Achar que determinado alimento era muito gostoso e depois detestar o gosto;

→ Engolir o que mais gosta de comer, sem mastigar;

→ Permanecer com a boca suja;

→ Incomodar. Quem já o conhece evita sentar-se ao seu lado.

Saber esperar a vez é um ótimo exercício para desenvolver a paciência, desde que tenha sido mostrado à criança o que é essa virtude. Nesse mesmo exercício, ela pode evitar a repetição de situações desagradáveis que não aceita nos outros, como mastigar com a boca aberta, falar com a boca cheia.

O DISCURSO DEVE COMBINAR COM AS ATITUDES

Faça o que digo,
mas não o que eu faço...

Ainda faz parte de nossa herança cultural pensar uma coisa, dizer outra e ter uma atitude que não condiz nem com o pensado nem com o discurso. No caso dos hábitos alimentares é comum os adultos pedirem às crianças para comer alimentos que "fazem bem à saúde", "fazem crescer, ficar inteligente e forte", mas que eles mesmos nunca experimentaram...

Quem descobriu a necessidade de mudar os hábitos alimentares para viver mais, e melhor, deve ajudar as crianças com seu exemplo. Depois, bem depois, pronunciar-se com as palavras... Apenas alertá-las, sem exemplificar o que estamos transmitindo, não basta.

Considerações

Na dúvida se somos ou não capazes de honrar nossa fala, o melhor é calar. Tentar fazer, praticar, para somente depois discursar.

"Não peço que os tires
do mundo, mas que os
guardes do maligno."

Jesus

CUIDAR DO CORPO E DO ESPÍRITO. O PÃO NOSSO DE CADA DIA AJUDANDO A CRIANÇA A...

...amar para viver melhor

APRENDER A AMAR

Com amor e com afeto.

Amar também pode significar cuidar, alimentar o outro, a partir do momento em que nos respeitamos e cuidamos de nós mesmos. Mas esse significado vai além, muito além do aspecto, do visual e do valor nutritivo do alimento. O principal é a energia de amor ou de gratidão que devemos incorporar ao alimento quando o preparamos.

Agimos mal quando "despejamos" no alimento ódio, rancor, desprazer ou mesmo comemos com pressa, agitados, apenas para satisfazer às nossas necessidades fisiológicas. Pessoas que preparam alimentos por prazer e amor em servir ao próximo, tornam-se médicos tanto do corpo como da alma, sem que o saibam: acrescentam aos alimentos suas melhores vibrações de alegria, paz, harmonia...

Se repetidamente passamos a nos sentir mal com alimentos que sempre ingerimos, é hora de observar o estado emocional e espiritual da pessoa que prepara nossa comida para, quem sabe, ajudá-la a continuar a alimentar nosso corpo com bom humor, alegria e até prazer.

Bendita comidinha simples da mãe e da avó, da casa de oração...

As refeições preparadas por voluntários amorosos que oram antes da tarefa, felizes pela oportunidade de servir, são uma dádiva para a saúde do corpo e da alma, consumida por poucos felizardos...

Considerações

Recomendamos ajudar a criança a perceber a diferença entre as sensações físicas e emocionais (o bem-estar), no mesmo momento ou no dia seguinte, depois de comer um alimento preparado com amor e outro feito por obrigação.

Refeições preparadas em ambientes voltados para a solidariedade e a caridade, independentemente do cardápio, são medicamentos tanto para o corpo quanto para o espírito. Felizes as crianças que têm a oportunidade de ganhar esse aprendizado na prática.

DESENVOLVER A GRATIDÃO

Amar a Deus e ao próximo como a si mesmo.

A gratidão mantém abertas as portas para novos recebimentos. Devemos estimular o hábito de agradecer ao Criador o alimento que vamos receber. A criança deve entender que não se trata de um ritual religioso, mas sim de um gesto de humildade. Adultos mais conscientes devem dar o exemplo: agradecer a quem preparou a refeição, em qualquer lugar: no lar, no restaurante, na lanchonete ou na casa de outras pessoas.

Considerações

As crianças devem ser elogiadas todas as vezes que agradecerem a algo ou a alguém. Quem é educado assim, com relativa facilidade será capaz de agradecer a uma crítica construtiva e até a alguma lição da vida da qual outros reclamem e rotulem de provação ou mesmo de problema.

TREINAR O PERDÃO

Aproveita e reconcilia-te com teu adversário,
enquanto estás à mesa com ele.

Quantas famílias não conseguem mais se sentar à mesa para compartilhar o pão nosso de cada dia? Conversar sobre coisas do dia-a-dia, sorrir, pedir perdão pelas pequenas ofensas por meio da oferta do alimento ao outro, escolher com cuidado e amor o pedaço que o familiar mais gosta... Essas pequenas oportunidades – uma "perda" de tempo para muitas pessoas – pode representar a saúde de nossa família. Não importa que a princípio não sejamos entendidos, nem nossa dedicação reconhecida, basta apenas semear, que a colheita não tardará...

A energia que emitimos por intermédio do pensamento e sentimento impregna os alimentos e beneficia tanto o receptor quanto o doador.

Considerações

A criança que de alguma forma ofendeu outra, seja escondendo gostosuras seja não deixando nada para os outros, deve ser estimulada a oferecer ao irmão a melhor parte da guloseima de que mais gosta, depois de reconhecer seu erro. Esse pequeno treino dietético de perdão no futuro dará resultados surpreendentes na vida dessas crianças.

EXERCITAR A ARTE DE SERVIR

Quem quiser ser o maior
que se faça o menor...

Melhor servir do que ser servido, ajudar do que ser ajudado, perdoar do que ser perdoado. Felizes os que são criados, educados, segundo esse sábio ensinamento. À mesa, devemos procurar ser os últimos a nos servir, não custa nada: no futuro, seremos felizes em conseqüência dessa atitude. No início dessa prática, pode ser que fiquemos sem o alimento que tanto desejamos, pois algum egoísta pegou tudo, ou então outros poderão abusar da nossa boa vontade. Claro que a princípio isso pode acontecer, mas, depois, a aura que irradiarmos nos tornará queridos, respeitados e bem-vindos em qualquer ambiente em que estivermos, mesmo entre desconhecidos.

Colocar-se alguém a serviço do próximo por livre e espontânea vontade proporciona um prazer imenso e uma paz indescritível.

Ao contrário, quando em qualquer banquete da vida queremos ser rapidamente servidos, mas demoram para nos atender, ou quando nos sentimos o centro das atenções e somos colocados em segundo plano, sentimos frustração, cólera, obsessão. Em espírito, crianças que ainda somos, no momento em que a vida nos prova com a dor do orgulho ferido, enlouquecemos de inveja, nos angustiamos, nos tornamos depressivos, verdadeiras almas em pânico, apenas porque não fomos servidos primeiro para satisfazer nosso egoísmo e orgulho. Feito "velhas crianças" – espíritos teimosos em não progredir para não assumir responsabilidades – adoecemos para retaliar contra a divina providência.

Considerações

Essas pessoas não são tão raras, estão por toda parte, na vida em família, na sociedade, na escola. Vale a pena ajudar a criança a identificá-las – mesmo que sejamos nós mesmos esse "exemplo"... Permitam que ela mesma tire suas próprias conclusões: isso dá mais força ao ensinamento.

Bastaria o desenvolvimento embrionário dessas quatro qualidades do espírito – amar, agradecer, perdoar e servir – presentes na alma de nossas crianças, para que fôssemos gratificados e nutridos do melhor alimento espiritual para todo o sempre...

Considerações finais

Quando se trata de educação, dois itens importantes devem ser considerados para que ela seja eficiente: o modelo e o material pedagógico.

Nas discussões sobre qual deles é o melhor, ficamos com aqueles que a natureza nos oferece o tempo todo, sem descanso e de graça. Dentre eles, o ato de nos alimentarmos é um deles. Que razões nos levam a usar tão mal ou quase desprezar esse material didático? Será porque é simples e gratuito? Gostamos mais das coisas complicadas, sofisticadas e dispendiosas?

Recomendamos, ao implementar a proposta deste livro, usar a dieta como recurso pedagógico, o método natural, aquele que está ao alcance de todos, de muita ou pouca cultura: observar, analisar, criticar e praticar o que foi interpretado como correto, sem complicações.

Mesmo que de forma descuidada tenhamos transformado nossos hábitos alimentares em algozes do bem-estar e felicidade, é possível reverter a situação, basta apenas observação, boa vontade e perseverança.

Vale aqui um reparo, não é nossa intenção criticar o alimento industrializado e as novas técnicas de agricultura. Somos de opinião de que o potencial criativo e transformador precisa ser exercitado em todos os campos da vida, até para criar novos alimentos. A ressalva é de que nossa inteligência deve ser expandida acompanhada do senso da responsabilidade, para modificar os recursos mas mantê-los adequados à nossa evolução.

Uma das idéias básicas desta obra foi o uso da repetição, dia após dia, do ato de nos alimentarmos como uma ferramenta capaz de mudar os registros do nosso subconsciente (ele é o piloto automático que rege nossa vida), ao menos por enquanto, até que nos capacitemos a mudar seus registros, usando novas técnicas. Até lá, o melhor mesmo é ficarmos na democrática simplicidade das leis da natureza. Observa, repete, repete e repete, aprende, usa...

Tivemos a oportunidade de colocar algumas experiências da vida pessoal e das atividades profissionais como médico de família e esperamos que as idéias e os conceitos aqui propostos, caso sejam julgados pertinentes, possam ser esmiuçados e transformados, pelas famílias e pelos professores, em material pedagógico mais adequado ao uso cotidiano em cada família pelas crianças e até pelos adultos, pois temos tudo a aprender e muito a reciclar.

Fiquem na paz.

Américo Canhoto

Leituras recomendadas

→ A *Bíblia de Jerusalém*, "As Epístolas de São Paulo", Editora Paulinas, São Paulo, 1986.

→ *O Evangelho Segundo o Espiritismo*, Allan Kardec, Petit Editora, São Paulo, 1997.

→ *Crianças índigo*, Lee Carroll e Jan Tober, Butterfly Editora, São Paulo, 2006.

→ *Se o meu médico diz que estou bem... Por que me sinto tão mal?*, Margaret Smith Peet e Shoshana Zimmerman, Butterfly Editora, São Paulo, 2007.

→ *Saúde ou doença: a escolha é sua*, Américo Canhoto, Petit Editora, São Paulo, 2006.

→ *Educar para um mundo novo*, Américo Canhoto, Editora Ativa, São José do Rio Preto, 2002.

Livros de Américo Canhoto

Quem ama cuida

Se você ama seu filho, abra os olhos enquanto é tempo. É preciso, desde já, modificar hábitos alimentares e comportamentais que poderão prejudicar seriamente o seu desenvolvimento. Toda a experiência profissional do médico de família Américo Canhoto – uma vida inteira dedicada a recuperar e preservar a saúde – está impressa neste livro, no qual a medicina e o Espiritismo caminham abraçados para ajudar os pais a alimentar, criar e educar seus filhos para uma vida saudável e feliz.

Saúde ou doença: a escolha é sua

Acredite: saúde não se compra na farmácia! Isso mesmo! Descubra neste livro surpreendente as causas espirituais das doenças, a influência do passado na origem das enfermidades, a causa psicossomática das moléstias e ainda os pequenos descuidos que geram grandes problemas de saúde – explicações e sugestões práticas para prevenir o sofrimento e garantir uma vida verdadeiramente feliz e saudável!

Chegando à Casa Espírita

Finalmente um livro que responde às perguntas mais freqüentes daqueles que são convidados a freqüentar uma casa espírita. Médico de família, educador, escritor e orador espírita requisitado, Américo Canhoto – amparado por benfeitores espirituais – prepara o terreno para aqueles que buscam na casa espírita socorro para suas aflições.

Leia e recomende!
À venda nas livrarias espíritas e não-espíritas

Sucessos da Petit Editora

Sinal verde
Espírito **André Luiz**
Psicografia de **Francisco Cândido Xavier**

Best-seller espírita: mais de 500 mil exemplares vendidos, agora em moderna edição, ilustrada por imagens sugestivas. Mensagens do Espírito André Luiz que reconfortam a alma e nos levam ao encontro da paz e da verdadeira felicidade.

Ser feliz: uma conquista pessoal
Ditado pelo Espírito **Filipe**
Psicografado pelo médium **Alceu Costa Filho**

Seja qual for seu ideal de felicidade, o Espírito Filipe vai direcioná-lo para que o alcance. Neste livro esclarecedor, encontramos mensagens que reconfortam, reavivam a fé e nos ajudam a ir ao encontro da realização pessoal.

Razões para um dia feliz
Uma conversa amiga com o Espírito **Filipe**
Psicografado pelo médium **Alceu Costa Filho**

O Espírito Filipe está certo de que o melhor dia para ser feliz é o dia de hoje. É o que neste livro, com muita vibração e otimismo, ele nos transmite: uma seqüência de recomendações para vencermos as dificuldades.

Para viver bem...
De **Humberto Pazian**

Livro de bolso que reserva grandes alegrias para quem está em busca de novas forças para vencer. Descubra você também que o essencial está ao seu alcance! Por maior que seja a dificuldade, nada resistirá ao seu desejo de viver feliz!

Leia e recomende!
À venda nas livrarias espíritas e não-espíritas

Romances de Antônio Carlos

Psicografados por Vera Lúcia Marinzeck de Carvalho

A gruta das orquídeas

Prepare-se para desvendar o mistério da gruta das orquídeas! Nico é um rico fazendeiro ameaçado por um grupo suspeito de praticar magia negra. Preocupado com o neto, contrata um detetive para descobrir quem são os culpados dos crimes ocorridos na cidade.

Por que comigo?

O primeiro filho de Mário acaba de nascer. É um lindo menino. Instantes depois, Mário sente o mundo desabar sobre sua cabeça: "Por que meu filho nasceu assim?". Será que Lúcia e Mário, que se amam tanto, serão capazes de vencer juntos essa prova tão difícil?

O jardim das rosas

Até que ponto uma paixão desvairada nos leva a cometer atos impensados? Helena foi o grande amor de Luís – filho de um rico fazendeiro que a desejou com todas as forças de sua alma. Anos depois, desencarnados, eles finalmente entendem o que aconteceu e se preparam para recomeçar...

Aqueles que amam

Acompanhe a trajetória de duas famílias de imigrantes que vêm para o Brasil colônia em busca de uma vida melhor. Conheça a vida na fazenda, a luta contra a escravidão e o encontro de velhos inimigos de vidas passadas.

Novamente juntos

O que há por trás de encontros inusitados, de almas que de repente se encontram, se apaixonam e decidem compartilhar sonhos, alegrias e desventuras? Um livro surpreendente, para quem gosta de um belo romance.

Leia e recomende!

À venda nas boas livrarias espíritas e não-espíritas

Livros de Alceu Costa Filho

Nas margens do grande rio
Romance do Espírito Xisto Vinheiros
Anselmo e Eulália vivem às margens do Rio Araguaia. Na fazenda, espíritos conspiram com perversas intenções de vingança.

Entre amigos
Ditado pelo Espírito Filipe
No plano invisível do centro espírita, acontecimentos envolvem os que ali se encontram, beneficiados pelo trabalho de espíritos benfeitores.

Ao entardecer de uma existência
Ditado pelo Espírito Cornélio Pires
Sentindo-se abandonado e inútil, Francisco vive de recordações. Um visitante espírita, Luiz, vai ganhar sua amizade e auxiliá-lo a mudar sua vida.

À sombra da luz
Ditado pelo Espírito Filipe
O Espírito Filipe e seus caravaneiros instalam, na tenebrosa região dominada por Ponciano, um posto avançado, o "Luz", para socorrer almas arrependidas.

Uma flor do nosso jardim
Romance do Espírito Nina Arueira
Celina, órfã, está sozinha na casa que herdou. Procurando ajudá-la, um espírito a acompanha...

Do amor nasce o perdão
Romance do Espírito Xisto Vinheiros
Depois de várias encarnações, unidos pela ambição, Getúlio e Sérgio lutam contra os desafetos do passado.

O diário de Sofia
Narrado pelo Espírito Nina Arueira
Entre a vida e a morte, Sofia vive uma experiência fantástica. Hospitalizada, em coma, ela vai adentrar a uma nova realidade: a vida espiritual.

Leia e recomende!
À venda nas livrarias espíritas e não-espíritas